www.tredition.de

AF217250

Céline Fuhrmann

Der Kern des Glücks

30 Gedankenanstöße für ein
erfülltes Leben

www.tredition.de

© 2021 Céline Fuhrmann

Verlag und Druck:
tredition GmbH, Halenreie 40-44, 22359 Hamburg

ISBN
Paperback: 978-3-347-23506-9
Hardcover: 978-3-347-23517-5
e-Book: 978-3-347-23507-6

Für RoMa

INHALT

VORWORT

Liebe Leserin, lieber Leser!

„Ich glaube fest daran, dass wir uns auf den Weg begeben, der für uns schon immer vorbereitet ist und nur darauf wartet, von uns beschritten zu werden, wenn wir unserem eigenen Glück folgen. Erst dann führen wir das Leben, das für uns bestimmt ist ... Ich kann jedem nur raten, seinem Glück zu folgen und keine Angst zu haben. Dann öffnen sich Türen, die man überhaupt nicht für möglich gehalten hätte." (Joseph Campbell)

Seit ich denken kann, bin ich auf der Suche nach dem Glück. Meinem Glück. Aber auch nach den Faktoren für das Glück von anderen. Seit ich denken kann, versuche ich, das Leben zu begreifen, den Sinn zu erkennen, mich selbst zu verstehen und die kausalen Zusammenhänge von allem einzuordnen.

Mittlerweile bin ich davon überzeugt, in diesem Leben geht es darum, Erfahrungen zu machen, und um die Möglichkeit zu wachsen, sich persönlich weiterzuentwickeln, eine neue Stufe zu erklimmen. Ich bin außerdem sicher, dass es dem Menschen angeboren ist, glücklich sein zu wollen, und das wahrscheinlich mit gutem Grund. Das Streben nach Glück ist für mich also auch Sinn des Lebens.

Seit ich denken kann, ist das Glück mein (oft unsteter) Begleiter. Es gab immer wieder Zeiten, da saß es gerne wie ein Vögelchen auf meiner Schulter und trällerte mir fröhlich ins Ohr. Dann wiederum war es für längere Zeit nicht mehr gesehen, nicht greifbar, nicht einmal vorstellbar. Wie die Sonne hinter den Wolken. Dann intensivierte ich wieder meine Suche ...

Mit jedem Jahr kamen neue Erkenntnisse hinzu. Mit jeder Erfahrung – öfter durch die schmerzhaften, seltener durch die schönen – lernte ich ein Stückchen mehr über das Gelingen des Lebens. Auch einige Bücher und Worte von schlauen Menschen, die ich so gerne mit Ihnen hier teile, haben mich auf meinem Weg weitergebracht. Und nicht zuletzt waren es Geschichten, die mich Wichtiges lehrten. Denn gute Geschichten sind generell essentiell für ein gutes Leben.

Und irgendwann hatte ich für mich den Kern des Glücks gefunden. Und er lag so furchtbar nah: in mir selbst.

Die meisten Lektionen, die ich lernen durfte, finden sich in diesem Buch als Gedankenanstoß, meist verbunden mit einer Geschichte. Denn diese braucht es, zu verstehen, zu verinnerlichen und zu erinnern. Ich möchte keine dieser Erkenntnisse in meinem Leben mehr missen oder jemals wieder vergessen. Sie haben mich auf meinem Weg zu Freiheit im Sein, Friede im Geist, Wärme im Herzen, Würde im Leben und der Möglichkeit zur tiefen Liebe – zu mir selbst und zu anderen – ein großes Stück weitergebracht.

Wenn der eine oder andere Gedankenanstoß Ihnen, liebe Leserin, lieber Leser, dabei helfen kann, ein paar Stolpersteine aus dem Weg zu räumen oder eine Entwicklungsstufe schneller oder einfacher zu erklimmen, würde mich das sehr glücklich machen.

Gedankenanstoß Nr. 1

Die Quelle des Unglücks - What is this all about?

„In uns selbst liegen die Sterne unseres Glücks."
(Heinrich Heine)

Es wäre dumm zu glauben, dass man für einen anderen Menschen Erfahrungen machen könnte. Aber hätte mir jemand vor vielen Jahren ein paar Dinge eindrücklich mit auf den Weg gegeben, wäre ich vielleicht dankbar gewesen. Und dies hätte mir womöglich das eine oder andere Dilemma erspart. Ob ich es wirklich hätte annehmen können? Ich weiß es nicht, aber es wäre einen Versuch wert gewesen.

Einer der lehrreichsten Ratschläge wäre gewesen, dass die meisten Probleme, die mein Leben bestimmt haben, nur mit mir selbst zu tun hatten. Ich habe oft in Beziehungen, in äußeren Umständen, in allem, nur nicht in mir selbst den „Hund begraben" gesehen. Doch immer lag der Ursprung des Konflikts innerhalb meiner eigenen Persönlichkeit, meiner Wahrnehmung, meiner Empfindung. Hätte ich das erkannt, wäre vieles schneller veränderbar gewesen. Ich hätte manchen Menschen in meinem unmittelbaren Umfeld viel ersparen können, hätte ich den Grund des Übels in der Unzufriedenheit mit meiner eigenen Person erkannt.

Ich stand noch am Beginn meiner Karriere und war bei einer aufstrebenden Agentur beschäftigt. Ich arbeitete viel und hart. Von Montag bis Donnerstag war ich regelmäßig zehn bis vierzehn Stunden täglich im Büro, und anschließend ging ich oft mit dem Team noch auf einen Drink. Dann kam der Freitagabend und damit wie vorprogrammiert ein Riesenstreit mit meinem damaligen Freund. Über dies und das und jenes. Kleinigkeiten, Unwichtigkeiten. Und doch groß genug, um uns das ganze Wochenende zu vermiesen.

Heute weiß ich, dass der Hauptgrund für diese immer wiederkehrenden Streitereien ich selbst war. Denn nach diesen angefüllten Wochen war ich freitagabends plötzlich mit mir selbst, mit meiner Müdigkeit, mit meinem Drang, auch außerhalb des Jobs etwas zu erleben, mit meiner Beziehung konfrontiert - und eigentlich überfordert. Dies resultierte in schlechter Laune, die ich an meiner Familie, hauptsächlich aber an meinem Partner ausließ. Es ging nie um die Fakten des jeweiligen Konflikts, sondern um meine Unzufriedenheit mit der Situation, die ich mir nicht eingestehen wollte. Es ging um meine Gefühle, die keinen adäquaten Kanal fanden; um die Unfähigkeit, meine Wünsche klar zu artikulieren; um das Unvermögen, mit mir selbst ins Reine zu kommen.

Erst viel später habe ich gelernt, bei wiederkehrenden Verstimmungen, Nörgeleien, permanenter Unzufriedenheit, unproduktiven Streitereien oder kleinen Krisen, die sich wie im Kreis zu drehen scheinen, zu hinterfragen, worum es denn wirklich geht. Hat es überhaupt mit der anderen Person zu tun? Oder hat das, was jemand anders gesagt oder getan hat, etwas in mir ausgelöst? Liegt das Problem nicht doch bei mir selbst?

Wir neigen dazu, uns sehr schnell eine Geschichte im Kopf zurechtzulegen, die sich sogleich auch gerne mit Emotionen und Vorhersehungen vermischt. Die Gedanken wandern in rasantem Tempo weiter und verändern so die Geschichte unweigerlich. In diesem Fall ist es wichtig, sich in Erinnerung zu rufen, was die Tatsachen sind und was wir in unserem Inneren damit gemacht haben. Hat man die harten Fakten einmal isoliert, kann man sich damit auseinandersetzen, was sie mit uns tun, wie sie unsere Gefühlslage mitbestimmen, in welche Richtung sie unsere Gedanken lenken.

Ich habe gelernt, mich selbst zu fragen, was hat wer denn wirklich gesagt oder getan, objektiv gesehen und ohne Interpretation? Und was habe ich hineininterpretiert? Wie fühle ich bei dem Geschehenen? Welche Gedanken kommen mir dabei? Was ist denn der Kern des Unglücks?

Spirituelle Lehrer auf der ganzen Welt sind sich einig: Es gilt zu lernen und zu verstehen, dass die Quelle unseres Leidens ebenso wie die Quelle unseres Wohlbefindens in uns selbst liegt.

Es lohnt, bei sich selbst nachzuforschen. Was macht mich glücklich - und was nicht? Denn jemand anderem die Verantwortung dafür zu geben, uns glücklich zu machen, ist eine schlechte Wahl. Erstens kann es niemals funktionieren und zweitens würden wir damit unser eigenes Glück in fremde Hände geben.

Gedankenanstoß Nr. 2

Kleine Puzzlesteine können schwer wiegen - Die Geschichte vom Mönch und der Mauer

„Es ist nicht wichtig, was du betrachtest, sondern was du siehst." (Henry David Thoreau)

Man kann sich sein Leben ziemlich verbauen. Sich die schönsten Momente vermiesen. Sich selbst um das Glück des Augenblicks und ganzer Jahre bringen. Und leider noch dazu aus unnötigen Gründen. Sorgen über eine schiefe Nase, zu viel Fleisch auf den Rippen, zu kurze Beine, zu viel Busen, zu dünne Haare, zu wenig Talent, zu viel vom diesem, zu wenig von jenem.

Ich war ein Teenager und machte mit meinen Eltern und meiner Schwester Urlaub am Neusiedlersee. Eine traumhafte Kulisse mit unzähligen Möglichkeiten, Spaß zu haben. Ich habe diese Zeit leider nicht so genossen, wie ich das hätte tun können. Ich war zu sehr damit beschäftigt, dass andere dünner waren als ich. Oder sportlicher. Oder schöner.

Ich war noch weit unter dreißig und vielleicht auf der Reise meines Lebens. Ich fuhr mit einem Bus von Singapur nach Kuala Lumpur. Eine Region, die ich seither nie wieder gesehen habe und vielleicht auch nicht mehr bereisen werde. Ich weiß leider nichts von dieser Fahrt, ich habe kein einziges Bild im Kopf – mir ist nur das Gefühl geblieben. Das Gefühl, verzweifelt zu sein, weil das Minus auf meinem Konto eine beachtliche Größe angenommen hatte (aus heutiger Sicht war sie eher klein), weil ich mir nicht all das leisten konnte, was ich wollte, weil ich mir eigentlich diese Reise nicht leisten konnte.

Ich war Mitte dreißig. Es war September und wir flogen mit unserer kleinen Tochter nach Griechenland ans Meer. Es war wundervoll dort. Wir hatten ein Leihauto und fuhren viel herum, um die Gegend zu erkunden. Ich kann mich erinnern, wir kamen zu einem traumhaften Platz, setzten uns auf einen Felsen und blickten hinunter aufs Meer. Kaum hatte ich den Ausblick eingesogen, wanderten meine Gedanken zu mir selbst, zu meiner schlechten körperlichen Verfassung, wie jede junge Mutter sie fast unweigerlich hat. Die Unzufriedenheit kroch in mir hoch und trübte das schöne Bild. Statt den Moment, die Ruhe oder die Landschaft zu genießen, wälzte ich alle Dinge, die mich unzufrieden machten, im Kopf hin und her.

Ich könnte diese Liste noch weiter fortsetzen. Es gab viele Zeiten und Phasen, in denen ich so abgelenkt von – wie ich heute weiß – unwichtigsten Dingen war. Ich war so oft nicht im Hier und Jetzt. Unzählige Male habe ich meinen Kopf mit Negativem angefüllt. Wirklich bedauernswerterweise habe ich mir selbst ganze Reisen, Wochen, vielleicht sogar Jahre kaputtgemacht, weil ich zugelassen habe, dass drei Kilo zu viel, 500 Euro (damals waren es noch Schilling) zu wenig oder andere unwichtige Äußerlichkeiten sich mir in den Weg gestellt haben.

Heute weiß ich, diese Dinge haben nur in meinem Kopf existiert. Ich hätte sie mit einer Geste, mit einem Sprung, mit einem Wort verscheuchen können – hätte ich es gekonnt. Und hätte ich diese Geschichte gekannt, die ich erst viel später in dem Buch „Who ordered this truckload of dung" von Ajahn Brahm gelesen habe, dann hätte ich vielleicht einen kleinen Puzzlestein nicht so groß werden lassen.

Hier ist die Geschichte, in meinen Worten erzählt:

Es war einmal ein Mönch. Er lebte auf einer Insel, zusammen mit anderen Mönchen, und es gab dort nicht viel. Er bekam die Aufgabe zugeteilt, eine Mauer zu bauen. Mit Steinen und Mörtel. Er allein war für diese

Mauer zuständig. Es war das erste Mal in seinem Leben, dass er eine Mauer baute.

Es dauerte einige Zeit, die Technik zu erlernen, die Steine fein säuberlich aufzuschichten, die Ritzen mit Mörtel zu schließen. Einige Wochen arbeitete er daran, dann war das Werk vollbracht – und der Mönch trat zurück und betrachtete die Mauer. Oh Schreck, was sah er da? In der Mitte stachen zwei Steine heraus, die nicht ganz gerade in der Reihe lagen. Sie waren ein bisschen verrutscht. Oh weh, welch ein Drama, welch ein Leid!

Der Mönch schämte sich so sehr, dass er so schlecht gearbeitet hatte; er war so wütend auf sich selbst, dass er von diesem Tag an nicht mehr froh wurde. Er bat um Erlaubnis, die Mauer niederreißen zu dürfen, aber sein Ansuchen wurde abgelehnt. Also blieb ihm nur, die Mauer zu meiden. Er vermied es also, bei seinen Führungen an der Mauer vorbeizugehen, und wenn es sich nicht umgehen ließ, schaute er dabei zu Boden.

Einige Monate nach der Fertigstellung der Mauer führte er wieder einmal einen Besucher auf der Insel herum. Dieser entdeckte die Mauer und sagte: „Das ist eine schöne Mauer." Der Mönch war entsetzt. „Sie müssen wohl schlecht sehen! Erkennen Sie nicht die zwei Ziegel, die die ganze Mauer ruinieren?"

Der Gast antwortete: „Ja, ich kann diese zwei schlechten Ziegel sehen. Aber ich sehe auch die 998 guten Ziegel."

Diese Antwort veränderte die Sichtweise des Mönchs auf die Mauer vollkommen. Plötzlich konnte auch er die guten Ziegel sehen und anerkennen, dass die Mauer in ihrer Ganzheit gut gelungen war. Sie erfüllte ihren Zweck. Sie war zu einem größeren Teil gut als schlecht.

Zwanzig Jahre später hatte der Mönch die Stelle, an der die schlechten Ziegel waren, vergessen, er konnte sie nicht mehr sehen. Geblieben war nur die gute Mauer.

Oft beenden wir eine Freundschaft oder eine Beziehung im übertragenen Sinne wegen zwei schlechter Bausteine. Oder wir können uns selbst wegen zwei nicht perfekter Eigenschaften nicht annehmen, wie wir sind. Erst wenn wir uns auf das große Ganze konzentrieren, können wir den Fokus vom Schlechten auf das bei Weitem überwiegende Gute richten.

Gedankenanstoß Nr. 3

Wer niemals Fehler macht, macht auch was falsch.

„Wer nie einen Fehler beging, hat nie etwas Neues ausprobiert." (Albert Einstein)

Es gibt Leute, die Entscheidungen so lange hinausschieben, jedes Für und Wider immer wieder abwägen, sich jegliche Konsequenzen ausmalen, bis die Entscheidung selbst hinfällig ist. Der Moment ist verflogen. Die Chance passé.

Ich habe nie zu dieser Art Menschen gehört, ich war stets abenteuerlustig und mutig.

Ein paar, und davon einige größere Fehler, habe ich wohl gemacht. Ich bereue sie nicht (mehr), denn sie haben mich zu derjenigen gemacht, die ich heute bin, sie haben mir die Ecken und Kanten verliehen, die mich zu einem Teil auch ausmachen, sie haben mir das Leben beschert, das ich jetzt habe. Ich bin also (mittlerweile) auch dankbar für sie und habe sie akzeptiert.

Ich erinnere mich an eine Reise mit vielen Unbekannten. Ein Trip, den ich selbst nicht steuern konnte. In ein Land, dessen Regeln mir nicht vertraut waren. Stell dir vor, du bist plötzlich wildfremden Menschen ausgeliefert. Stell dir vor, du kannst deine nächsten Schritte nicht bestimmen. Stell dir vor, du weißt nicht, wann und wie du wieder nach Hause zurückkommst. Und dann stell dir vor, es ist kein Traum.

Also war diese Reise ein Fehler? Mein Verstand sagt Ja. Ich würde so einen Trip nie wieder machen. Hat er mich dem, was ich heute bin, etwas nähergebracht? Mein Herz sagt Ja. Ich habe auf dieser Reise verstanden, dass gewisse Welten mit meiner nichts zu tun haben. Dass ich kein Teil von ihnen sein möchte. Dass Abenteuer um jeden Preis auch ins Auge gehen können. Dass Mut auch Naivität und Dummheit bedeuten kann. Aber ich habe auch einen wichtigen Schatz gefunden: Das, worum es bei dieser Reise ging - nämlich mich selbst. Nie werde ich das Gefühl vergessen, das ich hatte, als ich entlang der Dünen am Strand spaziert bin. Das Gefühl, dass ich genau der Mensch bin, der ich sein möchte. Und deshalb – und weil diese Reise so einmalig verrückt und fernab jeglicher denkbaren Möglichkeit war – bleibt es eine Erfahrung, die ich ungern missen würde.

Die Welt, die uns umgibt, ist eine perfektionistische. Geradlinige Lebensläufe, schöne Familiengeschichten, perfekt geschminkte Gesichter, strahlende Zähne, Erfolg, Geld, Weiterentwicklung, Bedeutung, Ansehen ... Brust raus, Kopf hoch und cheese! Klick und gleich auf Instagram. In unserer auf Perfektion getrimmten Welt sind Fehler nicht gerne gesehen. Wie schade, dass wir uns keine gut gelebte Kultur des Scheiterns erlauben können. Denn sie würde dazu führen, dass wir etwas ausprobieren, dass wir uns etwas trauen, dass wir über unsere Grenzen hinauswachsen. Vielleicht auch, dass wir mehr Spaß haben.

Ich halte es für eine sehr wichtige Erfahrung. Privat wie beruflich. Sich immer wieder einmal zu überwinden, etwas zu beginnen, von dem man den Ausgang nicht kennt. Mal ein Projekt zu übernehmen, bei dem man nicht sicher ist, ob es klappen wird. Mal eine Herausforderung anzunehmen, von der man nicht weiß, ob man für sie gewappnet ist. Mal etwas zu tun, womit niemand gerechnet hat, vielleicht nicht mal man selbst. Wer nichts riskiert, wird auch niemals weiterkommen. Wer sich nicht herausfordert, wird sich nicht groß verbessern. Wer nichts Neues zulässt, wird auch nichts Neues erleben. Wer sich nichts (zu)traut, kann auch nicht über sich hinauswachsen.

Al Pacino hat gesagt:

„Ich bedaure nichts. Ich glaube, sagen zu können, dass ich in meinem Leben Fehler gemacht habe. Ich habe mich für einen falschen Film entschieden, eine Rolle nicht richtig gespielt, aber die Wahrheit ist: Alles, was du tust, ist ein Teil von dir, und du nimmst immer etwas für später mit. Es sind mehr als nur Erinnerungen, in all diesen Situationen und an all diesen Orten gewesen zu sein, es hat mein Leben geformt."

Probieren wir doch mal was aus, trauen wir uns doch! Um ein Stückchen weiterzukommen, um ein kleines bisschen zu wachsen, um am Ende unseres Lebens zu sagen: Wow, das habe ich getan?!

Bevor ich allerdings ein großes Risiko eingehe, muss ich mich fragen: Was kann im schlimmsten Fall passieren? Wenn alles schiefgeht, womit muss ich dann rechnen?

Natürlich dürfen keine Menschen zu Schaden kommen oder in Gefahr gebracht werden. Es darf kein irreparabler Fehler geschehen, den man sein Leben lang bereuen würde oder könnte. Denn eines darf man nie vergessen: Alles im Leben hat seinen Preis.

Gedankenanstoß Nr. 4

Das kannst'e schon machen, aber dann ist es halt kacke.

„Es gibt Fehler, die lassen sich nicht mehr ausmerzen. Alles, was man tun kann, ist, das Rückgrat zu haben, zu ihnen zu stehen und ihre Konsequenzen auszuhalten." (Céline Fuhrmann)

Eine der wichtigsten Lektionen, die ich lernen durfte, ist, dass alles im Leben eine Konsequenz hat. Und dies zieht die unweigerliche Frage nach sich: Kann ich mit der jeweiligen Konsequenz leben?

Ein simples Beispiel: Du gehst abends aus. Du trinkst sehr viel Wein. Mehr als dir guttut. Am nächsten Morgen erwachst du mit Kopfweh und schleppst dich elendiglich durch den ganzen Tag. War es das wert? Kannst du damit leben, dass dieser Tag für eine Nacht komplett draufging?

Ein verlorener Tag, durch den man sich irgendwie durchgeschleppt hat, ist das eine. Aber dann gibt es die großen Fehler, die mit einer weitreichenden Konsequenz

enden und durch nichts wiedergutgemacht werden können. Das ist leider die bittere Wahrheit.

Ich hatte in jüngeren Jahren einen Freund, den ich sehr
mochte. Wir waren beide noch recht unerfahren in Beziehungen. Anfangs lief es sehr gut, doch dann entwickelte
sich unsere Beziehung nicht so, wie wir es uns beide vor-
gestellt hatten. Irgendwie kam ein Gefühl der Langeweile
und Leere bei uns beiden auf, und bei ihm im Speziellen
die Frage, ob er nicht noch andere Erfahrungen machen
wollte.

Wir trennten uns, kamen aber bald darauf wieder zusammen, doch irgendwie war die Luft raus. Unsere Basis,
unsere Einheit war nicht wiederzufinden. Jeder begann,
sein Leben eigenständig zu leben, auch wenn wir ein Paar
blieben.

Als jemand in meinem Leben auftauchte, der sich sehr
für mich interessierte, wehrte ich mich anfangs gegen das
schmeichelnde Gefühl. Doch irgendwann – mürbe durch
die Situation unserer Beziehung – ließ ich die Zügel los
und es kam, wie es kommen musste. Ich ging fremd. Wie
die meisten Geheimnisse im Leben kam auch dieses ans
Tageslicht und hat meinen Partner über alle Maßen er-

schüttert und verletzt. Das war das Ende unserer Beziehung. Und es war kein schönes Ende, es war sehr unwürdig und hässlich und ich fühlte mich sehr schäbig.

Nach unserer Trennung habe ich erfahren, dass auch er fremdgegangen war, hinter meinem Rücken. Aber selbst das machte meine Tat nicht besser. Auch das wusch mich von meiner Schuld und Scham nicht rein.

Ich denke, ich wusste damals, als ich fremdging, dass die Konsequenz das Ende meiner Beziehung sein würde. Heute weiß ich, es hätte so oder so nicht geklappt mit uns und es war gut, dass jeder seines Weges gezogen ist. Aber auch all die vielen Jahre später bin ich alles andere als stolz auf mein Verhalten. Wenn ich könnte, würde ich die Geschichte umschreiben, ein bisschen eleganter machen, ein bisschen weniger hässlich zumindest. Aber ich kann es nicht, denn dieser Fehler ist irreversibel. Und davon gab es noch den einen oder anderen in meinem Leben. In jedem Leben wahrscheinlich. Manches kann man eben nicht mehr ändern, verbessern oder ungeschehen machen. Dessen muss man sich bewusst sein. Was bleibt, ist, erhobenen Hauptes die Konsequenzen tapfer zu ertragen. Und die Lektion zu lernen.

Gedankenanstoß Nr. 5

If you loose, don´t loose the lesson.

„Die Definition von Wahnsinn ist, immer wieder das Gleiche zu tun und andere Ergebnisse zu erwarten." (Albert Einstein)

Ich habe dieser Beziehung mit meinem Seitensprung den Todesstoß versetzt. Danach war wirklich nichts mehr möglich. Es war vorbei. Ich habe sehr wohl aus dieser Erfahrung gelernt. Wenn du einer dritten Person erlaubst, sich in deine Beziehung einzumischen, kann dies böse enden. Du öffnest damit nämlich eine Türe, die du nur noch schwer wieder schließen kannst. Was unweigerlich zu tiefen Verletzungen von Menschen führt. Zerstörtes Vertrauen ist nur schwer wiederaufzubauen. Verlorener Respekt ist nicht leicht wiederzufinden. Diese Art von Wunde heilt nur langsam, und der Heilungsprozess ist mühsam, wenn er denn überhaupt gelingt. Ich habe seither nie wieder jemanden betrogen und mir fest vorgenommen, es bis ans Ende meines Lebens nicht mehr zu tun. Das war die Lektion, die ich gelernt habe.

Es gibt einige Vorhaben im Leben, die nicht gelingen; Projekte, die nicht klappen; Ideen, die scheitern. Den Lerneffekt daraus darf man aber nicht unterschätzen! Er kann manchmal mehr wert sein als ein möglicher Erfolg.

Wie aber lernt man aus Fehlern? Wie eignet man sich einen sinnvollen Umgang mit dem Scheitern an?

Menschen denken über negative Erfahrungen erwiesenermaßen immer mehr nach als über positive. Aber manche Menschen kommen schneller von diesen Gedanken über das Scheitern los. Sie können rascher wieder aufstehen, sich den Staub von den Kleidern klopfen und erhobenen Hauptes weitergehen. Sie verharren nicht in der gescheiterten Situation, sondern richten ihren Fokus auf den nächsten Schritt.

Den nächsten Schritt zu machen ist nämlich das Wichtigste überhaupt. Und dazu zählt, sich die Niederlage zuerst einmal ohne Beschönigungen einzugestehen und dafür Verantwortung zu übernehmen. Es ist in Ordnung, die damit einhergehenden Gefühle wie Angst, Traurigkeit, Enttäuschung, Schuld oder Wut zu fühlen. Aber von unsinnigen Selbstvorwürfen oder dem Gefühl von Scham muss man Abstand nehmen. Nur weil man ein einzelnes Projekt oder eine Prüfung oder eine Beziehung in den

Sand gesetzt hat, ist man nicht gleich als Mensch gesamtheitlich zu verurteilen. Der Selbstwert ist bei einer Niederlage immer angeknackst, aber er darf nicht ins Bodenlose sinken. Was helfen kann, ist der Austausch mit anderen Menschen, die einen wieder aufrichten können. Und das Bewusstsein, dass es in jedem Leben Höhen und Tiefen gibt. Dass niemand fehlerfrei ist. Dass Scheitern auch zu neuen, vielleicht unerwartet guten Wendungen führen kann. Oder wie der Philosoph Lao Tzu sagte:

„New beginnings are often disguised as painful endings."

Der darauffolgende Schritt bedeutet, das eigene Selbstmitleid beiseitezuschieben und die Ärmel wieder hochzukrempeln.

Nun geht es ans Eingemachte, um den Lerneffekt selbst: Wer das Geschehene nicht nur als Niederlage sieht, sondern auch als Lektion fürs Leben, kann daraus lernen und später auf diesen Erfahrungswerten aufbauen. Es hilft, eine tiefgehende Analyse zu machen, seine Fehler niederzuschreiben und sich Gedanken darüber zu machen, was man beim nächsten Mal besser machen könnte. Oftmals ist auch ein (Experten-)Rat und Unterstützung von anderen hilfreich, schließlich gibt es immer Menschen, die bereits mehr Erfahrung auf gewissen Gebieten vorweisen können. Mit mehr Wissen, mit mehr Vorbereitung, mit der Erweiterung der eigenen Kompetenzen startet man beim nächsten Mal ganz anders. Von einer besseren Basis aus. Besser gewappnet. Zielsicherer.

Der letzte Schritt, vor dem man nun steht: die mögliche Angst vor erneutem Scheitern in Schach zu halten und neue Motivation zu finden.

Zig Ziglar, ein amerikanischer Motivationstrainer, sagte:

„Du bist der einzige Mensch, der dich auf Dauer von etwas abhalten kann. Andere können dich nur vorübergehend stoppen."

Ein guter Start: viele gute Gründe, warum es diesmal gelingen wird. Und dazu gesellt sich dann langsam das Vertrauen, dass man es schaffen wird, dass man den Weg gut beschreiten wird, dass man siegreich aus dem Prozess hervorgehen wird. Die alte hawaiianische Huna-Philosophie – empfehlenswert nachzulesen in Serge Kahili Kings Buch „Huna" - besagt in Bezug auf Erfolg mit ihrem ersten Prinzip „IKE":

„Wenn du etwas manifestieren möchtest, ist Glaube bzw. Vertrauen der wichtigste Faktor. Damit sind nicht bloßes Wünschen oder eine intellektuelle

Ansicht gemeint, sondern tief verwurzeltes, felsen-
festes Wissen, das nicht in Frage gestellt wird. Alles
weniger wird geringere Ergebnisse zeitigen."

Und dann gehst du wieder los ...

Gedankenanstoß Nr. 6

Ich kann die Situation nicht ändern, aber ich kann meine Einstellung ändern!

„Ändere deine Perspektive und du änderst deine Welt." (Lars Amend)

Es ist der 30. Dezember. Um 5.30 Uhr verlassen meine Tochter und ich das Haus. Ich bringe sie zum Bahnhof, von wo sie mit meinem Ex-Mann und seiner Begleitung nach Venedig reisen wird. Wie immer vor großen Ereignissen oder wenn ich weiß, dass ich früh aufstehen muss, schlafe ich schlecht. Ich träume, dass ich zum Bahnhof fahre und unterwegs feststelle, dass ich meine Tochter zu Hause vergessen habe.

Ein weiterer Klassiker: Ausgerechnet jetzt, so kurz vor der Abreise, beginnt sie zu husten und die Nase läuft. Obwohl sie die letzten Tage topfit war. Es ist wie das Amen im Gebet.

Bei der Bäckerei „Ströck" treffen wir uns. Mein Ex-Mann, fit und gut gelaunt, und Christine, eine junge Dame von geschätzten zwanzig Jahren, mit weißblonden Haaren, hautengen schwarzen Leggings. Man könnte sagen, ein heißer Feger. Für ihn um Jahrzehnte zu jung. Sie wirkt leicht eingeschüchtert von meiner Anwesenheit, und das rechne ich ihr hoch an. Ich begleite die drei zu ihrem Waggon und küsse meine Tochter zum Abschied. Meinem Ex-Mann flüstere ich zu: „Pass gut auf sie auf." Die Türen schließen, der Zug rollt los, noch während die drei den Gang hinuntergehen und ihre Plätze suchen.

Ich stehe mutterseelenallein am Bahnsteig um 6.32 Uhr. In der gleichen Sekunde vermisse ich meine Tochter, ihre warme Haut, ihre zarte Hand, ihre entzückende Stimme, die Mega-Zahnlücke, wenn sie lacht. Mir ist zum Heulen zumute. Ich habe die ganze Last der Welt auf meinen Schultern, als ich langsam zum Auto zurückgehe.

Tausend Gedanken schießen durch meinen Kopf. Was ihr alles passieren könnte! Sie könnte zu wenig zum Anziehen dabeihaben. Ihr geliebtes Kuschel-Schaf könnte im Zug vergessen werden. Venedig könnte unter Wasser stehen. Sie könnten in einen Raub verwickelt werden. Stop! Kein Gedanken-Karussell mit völlig unhaltbaren Annahmen. Krieg deine Fantasie in den Griff! Ich atme tief durch und versuche, mir meine Gedanken zu erklären. Sie rangieren von den alltäglichsten Malheuren bis hin zu den unwahrscheinlichsten Katastrophen. Erstere wird ihr Vater zu handeln wissen, zweitere werden mit großer Wahrscheinlichkeit niemals eintreten.

Da wird mir bewusst, dass ich diese Situation nicht mehr ändern kann. Ich konnte mit dem Vater meines Kindes nicht mehr zusammenleben. Ich konnte ihr nicht ersparen, getrennte Eltern zu haben. Ich weiß, dass ich vor vollendeten Tatsachen stehe und nichts beeinflussen kann – nichts, außer meiner Einstellung! Ich kann ewig traurig sein, dass nichts anderes möglich war. Ich kann mich ewig bedauern, dass meine Ehe gescheitert ist. Ich kann ewig und länger Trübsal blasen, dass ich meine Tochter immer wieder loslassen muss. Oder ich kann dankbar sein dafür, dass ich so eine reizende, gesunde, lustige Tochter habe. Dafür, dass sie einen Vater hat, der sie liebt und alles für sie tun würde. Dafür, dass sie mit ihm andere Dinge erleben kann, die sie mit mir niemals erleben würde. Dafür, dass wir nach einiger Zeit doch eine gute Basis gefunden haben und freundschaftlich unsere Rolle als ihre Eltern übernehmen können. Dafür, dass ich nicht in eine leere Wohnung fahre, sondern dass dort jemand auf mich wartet, der sich freut, ausnahmsweise meine Zeit exklusiv für sich haben zu dürfen.

In diesem Moment beschließe ich, nicht mehr traurig zu sein. Ich beschließe, mich für sie zu freuen. Das pralle Leben wartet auf sie in Venedig. Und auch diese Reise wird ein kleines Stückchen zu ihrer persönlichen Geschichte beitragen.

In jedem Moment gilt: Vielleicht kann ich die Situation nicht ändern. Aber meine Einstellung dazu kann ich immer frei wählen. Ich kann beschließen, einen Regentag zu genießen. Ich kann einen Abschluss als einen Neuanfang sehen. Ich kann den Tod als Teil des Kreislaufs des ewigen Lebens betrachten. Ich kann einen Schicksalsschlag als Lektion fürs Leben hinnehmen. Möglich ist alles – in meinen Gedanken, mit meiner Einstellung.

Die Situation ist nach wie vor die gleiche. Ich kann sie nicht ändern. Aber ich kann zu hundert Prozent beeinflussen, wie ich damit umgehe, in welche Richtung ich meine Gedanken lenke, was ich in dieser Stunde tue. Und ich entscheide mich für Folgendes: Ich mache mir zu Hause einen Kaffee, schalte den Computer an und schreibe an meinem Buch.

Gedankenanstoß Nr. 7

Lerne von deinen Kindern!

„Nimm ein Kind an die Hand und lass dich von ihm führen. Betrachte die Steine, die es aufhebt, und höre zu, was es dir erzählt. Zur Belohnung zeigt es dir eine Welt, die du längst vergessen hast."

(Unbekannt)

Als meine große Tochter fünf Jahre alt war, sagte sie zu mir: Mama, der beste Tag, den du hast, ist heute.

Und wie recht sie hat! Denn es ist überhaupt der einzige Tag, den ich habe. Gestern ist unwiederbringlich vorbei. Morgen steht in den Sternen, ist noch nicht greifbar. Also heute!

Was kann ich aus dem heutigen Tag machen? Wie kann ich ihn gut für mich nutzen? Was will ich mit ihm anstellen? Mit wem möchte ich ihn verbringen? Wie will ich mich heute fühlen? Was soll ich am Ende des Tages darüber denken?

Es gibt wenig Wesentlicheres als die Frage nach dem heutigen Tag. Die Konzentration auf diesen Moment. Das Leben im Jetzt. Denn nur das kann die Zeit verlängern. Denn nur das bewirkt, dass wir uns lebendig fühlen. Denn nur das lässt uns das Leben voll auskosten.

Ich habe mir diesen Spruch gut gemerkt, und immer wenn ich realisiere, dass ich so dahinlebe, zu viel im Gestern, zu viel im Morgen, zu wenig im Jetzt, dann denke ich daran, was mir meine Tochter gesagt hat.

Als ihr Großvater starb, schrieb sie ihm eine Karte:

An den lieben Gott, für meinen Opa

Lieber Opa!

Ich mag Dich gern.

Kannst Du jetzt fliegen?

Wenn Du fliegen kannst, schreib es hier auf die Karte. Zu Deinem Geburtstag hab ich eine Überraschung. Stell Dir vor, der liebe Gott sind wir!

Bussi

Ich habe lange über den Satz nachgedacht. „Der liebe Gott sind wir."

Mahatma Gandhi hat einmal gesagt:

„Gott ist die Summe alles Lebenden. Wenn wir auch nicht Gott sind, so sind wir doch Teil Gottes, so wie selbst der kleinste Wassertropfen Teil des Ozeans ist."

Denselben Gedanken bringt die Autorin Marianne Williamson zum Ausdruck:

„Genau wie ein Sonnenstrahl sich nicht von der Sonne trennen kann und eine Welle sich nicht vom Meer trennen kann, können wir uns nicht voneinander trennen. Wir sind alle Teil eines großen Meeres der Liebe, ein unteilbarer göttlicher Geist."

Wir sehen uns oftmals so stark als Individuen und getrennt von anderen, dass wir vergessen, dass wir alle miteinander verbunden sind. In diesem Punkt sind sich sogar alle Religionen und die Wissenschaft einig. Wer wir sind, hört nicht mit unseren Körpern auf. Wir haben eine Energie in uns, die nach außen geht. Daher gibt es keinen Ort, wo wir aufhören und der andere anfängt. Wenn wir alle eins sind, dann verlieren wir uns auch nicht, sondern erleben nur eine Verwandlung der Energie.

Meine Tochter hat also recht: Der liebe Gott sind wir!

Als der Vater meines Mannes völlig unerwartet starb, war unsere kleine Tochter noch keine drei Jahre alt. Es war schwer, ihr begreiflich zu machen, warum man bei der Verabschiedungsmesse still sein musste und warum alle so traurig waren. Als das Begräbnis vorbei war, sagte sie zu mir: „Mama, du musst nicht traurig sein, der Opa kommt bald wieder!" Sie ließ keine Widerrede zu und betonte das Gleiche mit Nachdruck immer und immer wieder.

Heute finde ich es sehr spannend, dass sie etwas Ähnliches ausgedrückt hat wie meine große Tochter, nämlich dass der Tod kein Ende bedeutet. Dass die Energie nicht vergeht und dass wir als etwas anderes weiter fortbestehen oder gar wiederkehren auf diese Welt. Sie trug diese Gewissheit in sich, an der wir Erwachsenen so oft zweifeln.

Der berühmte Dichter Rumi hat es so ausgedrückt:

„Was dich schmerzt, segnet dich. Fühle dich nicht einsam, denn das gesamte Universum ist in dir. Trauere nicht. Alles, was du verlierst, kehrt in einer anderen Form zurück."

Nach einer langen Diskussion, was man als Dreijährige darf und was nicht, sagte unsere Tochter zu mir: „In meiner Welt ist alles möglich!"

Ich musste schmunzeln, doch dann dachte ich darüber nach, und sie hatte recht. Wir alle können alles sein in unserer Welt. Die Beschränkungen erlegen wir uns selbst auf. Schon im Evangelium nach Markus steht geschrieben:

„Alles ist möglich für den, der glaubt."

Oder wie Paulo Coelho in „Der Alchemist" geschrieben hat:

„Be realistic, wish the impossible."

Ich denke, wir können von unseren Kindern mindestens genauso viel lernen wie sie von uns. Sie sehen Dinge, für die wir schon längst nicht mehr begeisterungsfähig sind. Mit ihrer ungeteilten Aufmerksamkeit entdecken sie Schönheit, für die wir Erwachsenen schon lange keine Zeit mehr haben. Sie hören Nuancen, für die wir schon lange kein Ohr mehr haben. Mit ihrer ehrlichen, angstfreien Unvoreingenommenheit und Offenheit fühlen sie Dinge, für die wir schon stumpf geworden sind. Im Guten wie im Schlechten sind sie ein fantastischer Spiegel für uns. Wenn wir das möchten, können wir uns durch ihre Sicht auf die

Welt, die so viel freier, verspielter und ursprünglicher ist, immer wieder inspirieren lassen.

Gedankenanstoß Nr. 8

Gedanken formen Materie.

Du wirst morgen sein, was du heute denkst.

(Buddha)

Auch positive Menschen haben negative Gedanken. Sie geben ihnen allerdings keinen Raum.

Es ist bewiesen, dass Leute, die sich mit positiver Musik, motivierten Menschen, optimistischen Gedanken umgeben, die glücklicheren Menschen sind. Warum ist das so? Die fünf Gesetze des positiven Denkens belegen es:

Wir fühlen, was wir denken.

Was wir denken, strahlen wir aus.

Was wir ausstrahlen, ziehen wir an.

Wir bekommen das, woran wir glauben, und nicht das, was wir wollen.

Wir bewegen uns auf das Ziel zu, mit dem wir uns am meisten beschäftigen.

Das, was wir täglich im Kopf haben, das fühlen wir auch, und das wird irgendwann – mehr oder minder – zu unserer Realität.

Daher ist es schlauer, aus seinen Wünschen lebendige Tagträume zu machen als unendliche Listen, wie man seine Situation verbessern könnte. Nur was ich mir auch vorstellen kann, kann mir im wahren Leben passieren. Je bildlicher ich es sehe, je realer ich es fühle, je höher mein Herz dafür schlägt, desto mehr werde ich es in mein Leben ziehen.

Wenn man sich ein schönes Leben wünscht, ist also eine optimistische Lebenseinstellung ratsam. Nein, sogar die Grundvoraussetzung!

Hier muss der wunderbare Satz des Autors und Humoristen Karl Valentin zitiert werden:

„Ein Optimist ist ein Mensch, der die Dinge nicht so tragisch nimmt, wie sie sind."

Optimismus ist eine Einstellung, eine Geisteshaltung. Optimisten können ihren Blickwinkel verändern und fühlen sich einer Situation niemals hoffnungslos ausgeliefert. Im Gegenteil, sie sehen stets die Möglichkeit, aktiv einzugreifen, die Kontrolle zu übernehmen. Die gute Nachricht: Optimismus ist erlernbar.

Ich wurde oft gefragt, wie ich nach dem Scheitern meiner Ehe und den Folgeschäden mein Leben so schnell wieder auf die Reihe gekriegt habe. Ich kann mich so gut an den Moment erinnern, in dem ich meinen Ehering abgenommen und zu mir selbst gesagt habe: Das ist nicht das Ende. Das ist bloß das Ende einer Etappe. Und die nächste kommt bestimmt.

Ich bin viele Abende in meinem gelben Ohrensessel vor dem lodernden Kamin gesessen, während meine Tochter schon schlief, und habe an meinem Mindset gearbeitet. An meiner Zuversicht, an meiner Hoffnung, an einer konkreten Vorstellung, was ich mit dem Rest meines Lebens anfangen wollte. Ich begann – um die körperlichen Symptome wie Schlaf- und Appetitlosigkeit zu mindern – einmal in der Woche zu einem Shiatsu-Therapeuten zu gehen. Ich genoss diese Zeit auf der grünen Matte, verbunden mit dem Vertrauen, in guten Händen und während dieser Stunde für nichts zuständig zu sein, sehr. Die Behandlungen halfen mir, wieder neue Energie zu gewinnen. Ich besuchte außerdem einige Male einen Psychotherapeuten. Auszusprechen, was mich belastete und bewegte, die Steine der Vergangenheit aus dem Weg zu räumen und am Aufbau einer Zukunft zu arbeiten, waren wahrscheinlich mit ein Schlüssel zum Erfolg.

Kurzum, ich nahm mein Leben wieder aktiv in die Hand. Ich tat das für mich Notwendige, damit alles wieder besser wurde. Ich klaubte meine Lebensträume wieder zusammen, mischte sie mit neuen Wünschen und formte daraus ein neues Bild. Farbenfroh, real, zum Anfassen. Ich verewigte es auf einem Moodboard – Bilder, die das symbolisierten, was ich mir wünschte. Ich speicherte die Collage auf meinem Handy und in meinem Herzen ab. Ich richtete meine Gedanken darauf und verfolgte meine Ziele mit einer – für manche fast brutalen – Konsequenz.

Das Resultat: Ich habe diese Vision gesehen, gefühlt, verinnerlicht. Und ich habe das bekommen, woran ich glaubte.

Der Weg dorthin verlief nicht geradlinig. Es kamen einige Hürden, tiefe Löcher und Wiederholungsschleifen. Mein Glaube wurde manchmal auf die Probe gestellt. Ich habe ihn aber nie verloren, ich habe meinen Traum nie aufgegeben.

Gedanken formen Materie. Dies ist wahrscheinlich eine der wichtigsten Erkenntnisse meines Lebens. Pass gut auf, womit du dich gedanklich beschäftigst. Sei dir bewusst, welche Gedanken in deinem Kopf herumschwirren. Vergiss niemals, dass du sie frei wählen kannst. Vertrau darauf, dass du deine Gedanken aktiv steuern kannst. Nur wer sein Denken in die Richtung lenkt, die er einschlagen möchte, wird bekommen, was er sich tief im Inneren wünscht.

Damit ich selbst nicht darauf vergesse, habe ich diesen Spruch, den ein lieber Freund einmal zu mir sagte, als Hintergrundbild meines Handydisplays gewählt:

Zweifelsohne werden wir zu dem, was wir uns vorstellen zu sein.

Gedankenanstoß Nr. 9

Flow – und fließt es nicht, lass es ziehen.

„Löse dich von dem Gedanken, immer kämpfen zu müssen. Denn was gut ist und zu dir gehört, bleibt. Was bei dir sein will, kommt freiwillig. Und was gehen will, geht sowieso." (Unbekannt)

Diese Erfahrung machte ich einige Male in meinem Leben: Wenn die Dinge keinen natürlichen Flow, keine positive Eigendynamik bekommen, sollte man sie nicht forcieren. Dies gilt eigentlich für alle Bereiche im Leben. Wenn eine Bewerbung bei einem Unternehmen trotz Nachfassen kein Echo findet, dann wird es wahrscheinlich nicht der richtige Job sein. Selbst wenn man es irgendwie schaffen sollte, mit Vitamin B doch noch hineinzurutschen, wird sich später herausstellen, dass es nicht passt – von der einen oder der anderen Seite oder von beiden. Wenn Projekte nur durch ständiges Anschieben und Zerren, durch Betteln und Bitten, durch permanentes Tauziehen am Leben bleiben, werden sie auf längere Sicht nicht von Erfolg gekrönt sein. Denn wenn man allen Partnern ständig nachlaufen muss, wenn sich kein natürlicher Flow entwickelt, keine Eigenenergie des Projektes oder eine gemeinsame Motivation bei den Projektbeteiligten entsteht, dann sollte man sich dringend fragen, ob es vielleicht nicht sein soll.

Ebenso ist es bei Beziehungen und Freundschaften. Wenn man selbst immer wieder sehr viel investiert, aber nur wenig zurückkommt bzw. gar nichts mehr, wenn man seine eigenen Anstrengungen reduziert oder einstellt, ist und bleibt es eine einseitige Sache und ist zum Scheitern verurteilt.

Ich bin in Wien geboren und ich mag diese Stadt. Dennoch habe ich mein Leben lang versucht, woanders zu leben. Zu Beginn meines Studiums wollte ich ein Auslandssemester in den USA machen, war dann aber doch zu verbunden mit hier und ließ das Projekt im letzten Moment selbst fallen. Die Agentur, für die ich später arbeitete, hatte eine Niederlassung in Los Angeles, und ich entwickelte innerlich das große Vorhaben, für einige Zeit dort zu arbeiten. Doch dann entschied ich mich generell gegen das weitere Arbeiten für diese Agentur und blieb in Wien. Meinen Ex-Mann wollte ich nach Kärnten begleiten, alles war so gut wie geplant, bis das Projekt unerwartet platzte und wir weiterhin in Wien blieben. Ich begann, nach einem Haus in Niederösterreich zu suchen, doch die

Objekte waren entweder zu teuer, entsprachen nicht meinen Erwartungen oder waren schneller vergriffen, als ich nachdenken konnte. Irgendwann gab ich die Suche auf. Ich blieb in Wien, in der Straße, in der ich schon seit meinem ersten Lebensjahr lebe. Schließlich habe ich akzeptiert, dass Wien die Stadt meines Lebens ist. Ich will nun gar nicht mehr weg von hier, ich bleibe. Ich höre auf, für etwas zu kämpfen, was offensichtlich nicht sein soll. Ich lasse ziehen, was keinen natürlichen Flow entwickelt. Alles, was man erzwingt, ist dann auch irgendwann ein Zwang.

Ich möchte nicht missverstanden werden. Es ist schön und wichtig, Ziele und Visionen vom eigenen Leben zu haben. Sie treiben uns an, sie verschönern uns den Alltag, sie geben unserem Dasein eine Richtung. Aber wir dürfen niemals vergessen, dass wir nicht alles beeinflussen können. Dass wir meist auch von externen Faktoren abhängig sind, die ihre ganz eigene Dynamik haben. Die Buddhisten nennen das Klammern an Dinge und Erzwingen von Umständen „Anhaftung." Die Fixierung auf eine Sache gilt für sie als eine der größten Ursachen für Leid.

Daher besser die Dinge ins Rollen bringen und dann sehen, was passiert, ob sich daraus etwas entwickelt. Und wenn nicht, dann soll es eben nicht sein. Vielleicht weil etwas anderes – möglicherweise sogar Besseres – kommen soll.

Oder wie der Dalai Lama so treffend sagt:

„Nicht zu bekommen, was man will, ist manchmal der größte Glücksfall."

Oder wie der berühmte Psychiater und Psychotherapeut Fritz Perls so schön gesagt hat:

„Don't push the river. It flows by itself."

Gedankenanstoß Nr. 10

You could be all.

„Impossible is just an opinion!" (Paulo Coelho)

Wer sagt, was möglich ist? Wer bestimmt, wer wir sind und was wir werden? Wer schreibt unsere Geschichte?

Ich bin der festen Überzeugung, dass wir selbst das sind. Dass all dies in unserer Hand liegt. Was wir uns vornehmen, was wir uns zutrauen, woran wir arbeiten, liegt nur bei uns. Jeder kann seine Grenzen im Kopf selbst verschieben. Jeder kann seine eigene Geschichte schreiben.

Eckhart Tolle, Bestsellerautor und spiritueller Lehrer, hatte im Alter von 29 Jahren ein plötzliches und radikales spirituelles Erwachen, wie er es selbst nennt. Er fühlte sich von diesem Moment an zum spirituellen Lehrer berufen. Seinen ursprünglichen Namen – Ulrich Leonard – legte er ab, als ihm in einem Traum ein Stapel Bücher mit dem Namen Eckhart erschien. Zu diesem Zeitpunkt hatte er noch kein einziges Buch geschrieben, hatte aber im Traum das Gefühl, als wären all diese Bücher von ihm. Als ihm einige Zeit später eine Psychic, eine Person, die angeblich außersinnliche Wahrnehmungen hat, begegnete und ihn spontan Eckhart nannte, änderte er seinen Namen in Eckhart Tolle. Er hat seither vier Bücher veröffentlicht; das erste wurde in 30 Sprachen übersetzt.

Thomas Alva Edison bekam eines Tages einen Brief von der Schule mit nach Hause, den er seiner Mutter geben sollte. Die Augen der Mutter füllten sich mit Tränen, als sie den Brief laut vorlas. Die Schule sei zu klein für ihren Sohn und es gäbe keine Lehrer, die gut genug für ihn wären. Sie möge ihn daher selbst unterrichten. Viele Jahre nach dem Tod seiner Mutter, als Thomas Alva Edison bereits ein weltberühmter Erfinder war, fand er den Brief, den seine Mutter ihm damals vorgelesen hatte. In Wahrheit stand da geschrieben, ihr Sohn sei geistig behindert und man wolle ihn nicht mehr an der Schule haben.

Einer der erfolgreichsten Schriftsteller aller Zeiten wurde von seinen eigenen Eltern als geistesgestört eingeschätzt. Ganze drei Male wurde er in eine psychiatrische Anstalt eingewiesen. In einem Konzentrationslager, das er besuchte, hatte er eine Vision von einem Mann, der ihm zwei Monate später in einem Café in Amsterdam wirklich begegnete. Dieser Mann überredete ihn dazu, den Pilgerweg nach Santiago de Compostela zu gehen. Die Geschichte dieser Reise wurde zu seinem ersten Buch. Das darauffolgende Buch erschien wenig später. Es wurden lediglich 900 Stück verkauft, und der Verlag kündigte ihm daraufhin die Zusammenarbeit auf. Dies brachte ihn aber nicht von seinem Ziel ab, ein erfolgreicher Schriftsteller zu werden. Heute ist das Buch, das floppte, in 81 Sprachen erhältlich. Er hat bisher über 225 Millionen Bücher verkauft: Paulo Coelho.

Eines Tages, auf dem Weg ins Büro, als ich in der U-Bahn all die genervten, müden, gestressten Gesichter sah, dachte ich mir spontan: Ich könnte alles sein! Wunschlos glücklich, offen für alles, erfüllt mit Leichtigkeit, über die Maßen erfolgreich. Ich selbst habe in der Hand, was für ein Mensch ich sein will. Was für ein Leben ich führen möchte. Ob ich zu jenen Menschen gehören möchte, die sich durch den Tag schleppen, die sich von Kleinigkeiten nerven lassen, denen stets alles zu wenig und doch zu viel ist. Oder ob ich im Glück mit dem, was ich habe, sein will. Und das in mein Leben integrieren werde, was ich mir wünsche. Wenn ich es möchte, kann ich das! Jetzt – hier - heute. Und morgen!

Ich schloss meine Augen. Ich fühlte das Ruckeln der U-Bahn. Ich hörte die Ansage der nächsten Station durch den Lautsprecher. Ich stellte mir vor, ich sei ein sehr glücklicher Mensch. Ich ging lächelnd durchs Leben. Ich schrieb mein Buch zu Ende und brachte es heraus. Ich wurde Schriftstellerin. Ich traf Paulo Coelho. Meine Station war da. Ich stieg aus und nahm das Lächeln auf meinem Gesicht mit.

Während ich durch die Stadt zu meinem Büro spazierte, fielen mir die Worte von Lars Amend aus seinem Buch „It's all good" ein:

„Wir wurden an einem Tag geboren. Wir werden an einem Tag sterben. Wir können unser ganzes Leben an einem Tag ändern. Wir können uns an einem Tag verlieben. Wir können an einem Tag den langersehnten Traumjob bekommen. Wir können an einem Tag alles gewinnen, wofür wir so lange gekämpft haben. Wir können an einem Tag alles finden, wonach wir so lange gesucht haben. Alles kann an einem einzigen Tag passieren."

Gedankenanstoß Nr. 11

Gib alles. Denn weißt du was, du stirbst.

„Sich daran zu erinnern, dass ihr sterben werdet, ist der beste Weg, den ich kenne, den Gedanken zu verhindern, dass man etwas zu verlieren hätte. Ihr seid bereits entblößt. Es gibt keinen Grund, eurem Herzen nicht zu folgen." (Steve Jobs)

Als der berühmte Basketballspieler Kobe Bryant und seine 13-jährige Tochter Gianna bei einem Hubschrauberunfall ums Leben kamen, hielten wir alle die Luft an. Zwei Menschen – der eine in der Blüte, der andere am Anfang seines Lebens – wurden innerhalb weniger Minuten aus dem Leben gerissen.

Die gleiche Fassungslosigkeit fühlten wir, als Prinzessin Diana nach einem Autounfall ihren schweren Verletzungen erlag. Wie ein schlechter Traum fühlte es sich an. Man dachte, es könne nicht wahr sein, dass so eine Ikone so früh und sinnlos sterben muss.

Ich werde auch nie die Geschichte jener Frau in Österreich vergessen, die bei einem Zusammenstoß des PKWs mit einem Zug ihren Mann und ihre beiden kleinen Kinder innerhalb weniger Stunden verlor. Irgendwann werde ich mich überwinden und das Buch, das sie darüber geschrieben hat - „Vier minus drei" – lesen.

Als das Corona-Virus Anfang 2020 von China aus in Europa seine rasante Ausbreitung nahm und innerhalb weniger Wochen über eine Million Menschen infizierte und einige Hunderttausende ums Leben brachte, war die Menschheit fassungslos. Jeden Tag erwachte ich mit dem Gedanken, das muss ein Albtraum sein. Die Bilder aus Italien, Spanien und den USA, wo das Virus sich besonders stark ausbreitete, waren entsetzlich. Überlastete Spitäler, fehlende Plätze auf den Intensivstationen, Eishallen, die zu Leichenhallen umfunktioniert wurden. Die meisten Menschen, die daran starben, waren über 60 Jahre alt oder hatten eine Vorerkrankung, aber es waren auch junge, gesunde Menschen darunter, ja sogar kleine Kinder und Babys. Aus dem Nichts kam eine globale Bedrohung, die uns alle unter Schock setzte. Und plötzlich war der Tod allgegenwärtig. Und das Leben wieder besonders wertvoll.

Wenn wir nicht gerade unsere Endlichkeit brutal vor Augen geführt bekommen, sehen wir unser Leben mit großer Gelassenheit linear in die Zukunft verlaufen. Wir empfinden uns als immun vor jeglichen Erkrankungen, gefeit vor allen Unfällen, geschützt vor allen Katastrophen. Uns wird nichts passieren. Wir sehen uns im hohen Alter sterben. Nur in den Momenten, in denen wir von Menschen erfahren, die völlig unerwartet von einer Sekunde auf die nächste aus dem Leben gerissen wurden, halten wir den Atem an und beginnen zu überlegen. Könnte es auch uns so plötzlich treffen? Könnten wir morgen bei einem Autounfall ums Leben kommen? Könnten wir bei der nächsten Routine-Untersuchung eine verheerende Diagnose erhalten? Könnte es sein, dass wir nach dieser Nacht nicht mehr erwachen?

Wer sagt uns denn, dass wir das Glück haben werden, bis ins hohe Alter zu leben? Wer garantiert uns, dass wir verschont bleiben? Wer weiß denn schon, was der wirkliche Plan für unser Leben ist?

In diesen Momenten, in denen wir begreifen, dass auch wir dem Tod – früher oder später – nicht entkommen werden, beginnen wir zu erahnen, wie kostbar unser Leben ist. In diesen Momenten, in denen uns unsere ungewisse Zukunft greifbar erscheint, beginnen wir zu fühlen, dass wir im Hier und Jetzt alles geben müssen. In diesen Momenten, in denen uns klar ist, dass wir nichts planen können, fangen wir an, alles in einem anderen Licht zu sehen. Wofür oder warum sollen wir uns zurückhalten? Es wäre zu schade, sich mit Dingen aufzuhalten, die man tun sollte, die sich gehören, die jeder tut, statt die Dinge zu tun, die uns wirklich am Herzen liegen. Wer weiß schon, wie viele Jahre wir hier auf dieser Erde verweilen dürfen? Also dürfen wir nichts mehr aufschieben, müssen die Dinge jetzt tun und das Leben leben, das wir uns immer schon gewünscht haben.

Der erfolgreiche amerikanische Multiunternehmer, Autor und Sprecher Gary Vaynerchuk wurde von einem weiblichen Fan auf der Straße nach den drei wichtigsten Worten, die ihr Leben verändern würden, gefragt. Er antwortete:

„You're gonna die."

Vaynerchuk fordert uns auf, unseren Tod auf eine sehr positive, optimistische, kraftvolle Weise zu akzeptieren. Denn er ist der Meinung, dass wir nur durch das Bewusstsein unserer Endlichkeit dazu motiviert werden können, außergewöhnliche Dinge zu tun, das Leben in seiner Fülle zu leben, das Maximum für uns herauszuholen.

Auch der Autor und Coach Veit Lindau stellt unsere Sterblichkeit immer als den wichtigsten Motor unseres Denkens in den Vordergrund. Er schreibt auf seinem Blog:

„Du stirbst. Beginne zu leben. Finde Dein Credo. Bejahe Deinen Weg. Erkenne Deine Gaben. Und dann ... verschenke Dich an die Welt. Dein größtes Geschenk an uns alle bist Du in deiner freiesten Version."

Wenn wir uns vorstellen, am letzten Tag unseres Lebens angekommen zu sein, was müsste hinter uns liegen, dass wir sagen können, es war ein gutes Leben?

Ich für mich möchte ehrlich sagen können: Ich habe alles gegeben. Ich war mutig. Ich bin meinem Herzen gefolgt. Ich habe nichts versäumt, was mir wirklich wichtig war. Ich habe meine Zeit in die Dinge und Menschen investiert, die für mich bedeutsam waren. Ich habe meine Entscheidungen so getroffen, wie ich es für wesentlich und richtig hielt.

Niemand kann uns sagen, wie unser Ende kommen wird, ob wir die Gelegenheit haben werden, die uns wichtigen Dinge auszusprechen und zu organisieren. Also müssen wir den Menschen, die wir lieben, jetzt sagen, was wir für sie empfinden. Wir müssen jetzt unsere Angelegenheiten ins Reine bringen. Wir müssen jetzt beginnen, das zu tun, wofür unser Herz brennt.

Wer sind die wichtigsten Menschen in unserem Leben? Wissen sie, was sie uns bedeuten?

Die Universität Stanford hat 2015 ein Briefprojekt initiiert, das sich damit beschäftigt, was am Ende des Lebens wichtig ist. Das „Stanford Friends and Family Letter Project" ist mittlerweile in acht Sprachen übersetzt worden und gibt Aufschluss über Emotionen von Menschen am Ende ihres Lebens – was bedauern sie, was war ihnen wichtig, worauf sind sie stolz, was haben die Menschen ihnen bedeutet? Die häufigste Erkenntnis ist das Bedauern.

„Bedauern darüber, dass sie sich nie die Zeit genommen haben, zerbrochene Freundschaften und Beziehungen zu reparieren. Bedauern darüber, dass sie ihren Freunden und Familienmitgliedern nie gesagt haben, wie viel sie ihnen bedeuten, und darüber, dass sie ihren Kindern als überkritische Mutter oder als fordernde, strenge Väter in Erinnerung bleiben."

Wer wollen wir Tag für Tag sein?

Steve Jobs sagte einmal:

„Als ich 17 Jahre alt war, las ich ein Zitat, das so ähnlich lautete wie: `Wenn du jeden Tag so lebst, als

wäre es dein letzter, so wirst du irgendwann recht haben.´ Es hat mich beeindruckt und seitdem habe ich jeden Morgen, 33 Jahre lang, in den Spiegel gesehen und mich gefragt: `Wenn heute dein letzter Tag wäre, würdest du dann heute das machen, was du vorhattest zu tun?´ Und wann immer auch meine Antwort darauf `nein´ lautete, so wusste ich, dass ich etwas verändern musste."

Es gibt einen großartigen Cartoon: Charlie Brown und Snoopy sitzen am Steg und lassen ihre Blicke über den See vor ihnen schweifen.

Charlie Brown: „Eines Tages werden wir sterben, Snoopy."

Snoopy: „Ja, aber an allen anderen Tagen werden wir leben!"

Gedankenanstoß Nr. 12

L – A – S – S   L – O – S!

„Wer loslässt, hat beide Hände frei." (Unbekannt)

Die Corona-Pandemie hat viele Fragen aufgeworfen. Die Frage, die sich immer wieder in meinem Kopf drehte, lautete, ob jetzt nicht der Zeitpunkt gekommen sei, um wirklich loszulassen. Abstand zu nehmen von dieser materiell gesteuerten Welt. Zu verstehen, dass wir nichts unter Kontrolle haben. Zu akzeptieren, was ist, und ohne große Gefühle der Bewertung damit zu leben.

Ich liebe die Szene in „Fightclub", wo der Erzähler – gespielt von Edward Norton – seine Wohnung aufgrund eines Flächenbrandes verliert. Und damit all seinen Besitz: seine Calvin-Klein-Unterwäsche, seinen Ying-und-Yang-Couchtisch von Ikea, seine Hemden und Anzüge, sein Geschirr und seine Gläser, ja, sogar sein Dach über dem Kopf. Er hatte davor das Gefühl gehabt, endlich komplett zu sein. Alles zu haben im Leben. Alles abhaken zu können. Und dann kam die große Katastrophe und nahm ihm alles. Ab diesem Moment begann der bittersüße Prozess des Loslassens.

Unser Leben ist sehr angefüllt: Unsere Wohnungen und Häuser sind voll mit Einrichtungsgegenständen, Kleidung, Geschirr, Büchern. Unsere Kalender sind vollgestopft mit Terminen. Unsere Tage sind überhäuft mit To-dos und Verpflichtungen. Unser Kopf ist voll mit Gedanken, Urteilen, Vorstellungen und Überzeugungen.

Was würde passieren, wenn wir von allem weniger hätten?

Würde dann Raum für anderes entstehen?

Wofür aber?

Einen kleinen Ausblick dazu hat die Zeit des Lockdowns gegeben. Die Konzentration auf die wenigen Menschen, mit denen man zusammenlebt. Die Konzentration auf die eigenen vier Wände. Die Konzentration auf die Grundbedürfnisse. Aber was blieb, war das ständige Bestreben der Gesellschaft, die Ordnung, das System, wie wir es davor kannten, wiederherzustellen. Das hat wenig mit Loslassen zu tun.

Ich habe einmal in Jack Kornfields Buch „Frag den Buddha und geh den Weg des Herzens" eine schöne Geschichte von einem berühmten Rabbi gelesen. Sie ging in etwa so: Ein Mann reiste von New York nach Europa, um den bekannten Rabbi zu besuchen. Dieser lebte in einem großen Haus im Dachgeschoss. Als der Mann den Rabbi in einem kleinen Zimmer mit bloß einem Bett, einem Stuhl und ein paar Büchern fand, fragte er erstaunt: „Rabbi, wo sind Ihre Sachen?" Der Rabbi antwortete mit einer Gegenfrage: „Wo sind denn Ihre?" Der Mann antwortete: „Ich bin ja nur auf der Durchreise." Da sagte der Rabbi: „Genau wie ich!"

Die Frage drängt sich auf, wie viel erleichternder es wäre, weniger Besitz zu haben. Wie viel freier wären wir, wenn wir von der Wichtigkeit alles Materiellen loslassen und uns auf die wirklich wichtigen Dinge fokussieren könnten?

Aber geht das überhaupt mit unseren Verpflichtungen? Mit all den Reise-Wünschen in unseren Köpfen? Mit all den schönen Dingen, die man kaufen könnte?

Und was wäre, wenn wir uns von vorgefertigten Meinungen, von gesellschaftlichen Zwängen, von Vorgaben durch die Werbung, die Medien lösen könnten? Wenn wir nicht gegen das Altern ankämpfen müssten? Wenn wir den Lauf des Lebens einfach akzeptieren und den Tod als wichtigen Teil des Lebens anerkennen könnten?

Und wenn wir all das losgelassen haben, was bleibt dann? Was machen wir dann mit unserem Leben?

Ich spüre in mir schmerzlich den Verlust all der angenehmen Dinge im Leben: Restaurantbesuche, Reisen, Einkaufsbummel, Freizeitpark. In meinem Haus leben, Ausflüge, Kaffeehaus, Kino. Haben und Tun. Ich habe gar keine Lust, all das loszulassen. Ich mag dieses Leben. Es muss nicht alles immer sein und nicht alles auf einmal, aber ab und zu will ich diese Dinge genießen können. Und mich jeden Tag in meinem Zuhause wohlfühlen. Gerade nach dieser Zeit des Lockdowns erscheinen mir all diese Luxus-Dinge so kostbar. Ich fühle, dass sie ein wesentlicher Teil unserer Kultur sind. Ein wesentlicher Teil meiner Vorstellung vom schönen Leben.

Vielleicht bin ich noch zu jung, um all das loszulassen? Vielleicht lebe ich im falschen Land? Vielleicht bin ich nicht der Typ dafür? Kann man auch teilweise loslassen? Oder geht in diesem Fall nur dabeibleiben oder ganz aus dem System aussteigen? Also als Selbstversorger auf einem Bauernhof leben?

Wenn ich ehrlich mit mir bin, weiß ich, ich werde mein jetziges Leben und all die materiellen Annehmlichkeiten, die damit verbunden sind, nicht loslassen. Sie sind mir kostbar. Aber ich habe trotzdem das Bedürfnis, so einiges loszulassen. Ich möchte versuchen, dieses Gefühl beizubehalten, dass all das Luxus ist, dieses Gefühl, all das besonders wertzuschätzen.

Ich durchforste unser Haus von oben bis unten, um alles auszumisten, was wir entweder nicht brauchen oder was nicht mehr gut ist. Weniger ist mehr. Und so lasse ich doch ein kleines Stückchen unnötigen Besitz los. Und fühle mich dann ein bisschen leichter.

Ich habe ein paar schlechte Angewohnheiten, die ich gerne loslassen möchte. Meine Ungeduld zum Beispiel. Meine Gereiztheit, die auftritt, wenn mir alles zu viel wird, weil es nicht so perfekt läuft, wie ich mir das vorstelle. Mein Hang, Menschen und Dinge zu bewerten, mir rasch eine Meinung zu bilden. Und auch den Drang, dies oder jenes haben zu wollen, von dem vieles einfach unnötig ist.

Ich nehme mir vor, mich mit dem Prozess des Alterns und Sterbens auseinanderzusetzen. Ich will lernen zu verstehen, dass alles ein Kreislauf ist. Die Jahreszeiten kommen und gehen. Die Natur verändert sich jeden Tag ein Stück. Wir Menschen verändern uns jeden Tag ein bisschen. Der ewige Zyklus von der Geburt bis zum Tod ist überall Gesetz und unausweichlich. Ich denke, wer dies verinnerlicht hat, kann auch wieder ein Stückchen besser loslassen.

Ich will wieder täglich meditieren. Nur sitzen und sein. Zehn Minuten jeden Tag. Ohne etwas zu tun, ohne einem Zweck zu dienen.

Jon Kabat-Zinn, der Begründer der Mindfullness Based Stress Reduction, jener Meditationsart, die ich einmal versucht habe zu erlernen, hat gesagt:

„Loslassen bedeutet, sich ganz bewusst dem Strom des Augenblicks hinzugeben, es bedeutet, dass man aufhört, Dinge erzwingen zu wollen, Widerstand zu leisten oder für etwas zu kämpfen. Man gibt all dies auf, zugunsten von etwas, das machtvoller und gesünder ist und das entsteht, wenn man zulässt. Dass die Dinge so sind, wie sie sind, ohne dass man sich in Vorlieben oder Abneigungen ihnen gegenüber verstrickt, in den 'klebrigen' Sphären des Verlangens, Mögens oder Nichtmögens. Loslassen ähnelt dem Öffnen der Hand, um etwas freizugeben, das man festgehalten hat."

Ich kann meine Hand vielleicht ganz langsam öffnen. Und nur noch das festhalten, was mir viel bedeutet und mein Leben subjektiv besser macht.

Ich habe einmal gelesen, das Gegenteil von Erzwingen ist Loslassen. Mit dem Fluss des Lebens mitzuschwimmen, zu beobachten, was das Leben bringt, welche Menschen auftauchen, welche Dinge sich ergeben. Das klingt schön für mich, das möchte ich probieren! Mit großen Plänen ist in der Zeit der Corona-Pandemie ohnehin nichts ...

Der Mönch Ajahn Chah sagte:

„Wenn du etwas loslässt, bist du etwas glücklicher. Wenn du viel loslässt, bist du viel glücklicher. Wenn du ganz loslässt, bist du frei."

Ich bin nicht da. Ich bin nicht einmal auf dem Weg. Aber ich behalte das Thema im Auge.

Gedankenanstoß 13

Was ist das Wichtigste?

„Das einzig Wichtige im Leben sind die Spuren von Liebe, die wir hinterlassen, wenn wir weggehen."
(Albert Schweitzer)

Wir fragen uns oft, was ist denn wirklich von Bedeutung? Was ist das Wichtigste unter all den vielen Dingen, die uns umgeben oder die andere sich von uns wünschen oder von uns erwarten. Von all den Möglichkeiten, unser Leben zu gestalten, worauf dürfen wir auf keinen Fall vergessen?

Was sind die Prioritäten in unserem Leben? Was braucht es, um am Ende erfüllt zu sein? Was muss geschehen, dass wir sagen können, unser Leben ist gelungen?

Die äußeren Faktoren werden am Ende keine Rolle spielen. Ob wir groß oder klein, dick oder dünn waren, reich oder arm, was wir besessen haben, welche Kleidung wir getragen haben – es wird nicht von Belang sein.

Auch ob wir gut in der Schule waren, was für Titel wir erreicht haben, welche Ausbildungen wir absolviert haben, wie viel wir gelesen und geforscht haben, wird am Ende keinen Unterschied machen.

Keiner wird fragen, ob wir Sport gemacht haben, ob wir gesund gegessen haben, ob wir immer die Wahrheit gesagt haben.

Es wird unwesentlich sein, ob wir sehr erfolgreich, weit gereist oder mit Auszeichnungen überhäuft waren.

Am Ende aller Tage werden nur diese Fragen übrig bleiben: Wie sehr hast du geliebt? Wie hast du deine Liebe gezeigt? Wie hast du Liebe gelebt?

Der berühmte Meister Eckhart, deutscher Theologe und Philosoph des Spätmittelalters, hat sich ähnliche Fragen gestellt:

1. Was ist die wichtigste Zeit?
2. Wer ist der wichtigste Mensch?
3. Was ist die wichtigste Tat?

Seine Antworten lauteten:

„Immer ist die wichtigste Stunde die gegenwärtige; immer ist der wichtigste Mensch, der dir gerade gegenübersteht; immer ist die wichtigste Tat die Liebe."

Auch Thich Nhat Hanh, buddhistischer Mönch, Zen-Meister und Schriftsteller, schrieb in seinem Buch „Einfach lieben":

„Wahre Liebe vermag jede Situation zu heilen und zu verwandeln und unserem Leben einen tieferen Sinn zu geben."

Die Liebe – die zu sich selbst, zu anderen Menschen, zur Welt – sie ist das Einzige, was am Ende zählt. Sie ist das, was von uns bleiben wird, das, was die Menschen, die wir hinterlassen werden, von uns behalten werden. Sie ist das, was uns jeden Tag ausmacht. Sie ist das, was uns am Ende aller Tage ausmachen wird.

Veit Lindau schreibt in seinem Buch „Radikal lieben" über das Wichtigste im Leben:

„Was es für dich bedeutet, dich existenziell – mit deinem ganzen Wesen – einzulassen, das weiß nur dein Herz. Es wird still, wenn du alles gibst. Es leidet, wenn du etwas zurückhältst. Irgendwann stirbst du.

Irgendwann sterbe ich. In unseren letzten Minuten werden wir uns sehr wahrscheinlich nicht mit unserem Erfolg oder Ruhm beschäftigen, sondern unser Herz wird sich fragen: 'Habe ich wirklich geliebt? Habe ich mich voll und ganz eingelassen? Habe ich alles gegeben?' Deshalb spreche ich im Imperativ: Um glücklich zu leben und friedvoll zu sterben, müssen wir lieben. Wir sind nicht hier, um zu bekommen – wir sind hier, um uns zu verschenken."

Gedankenanstoß 14

Angst hilft dir jetzt auch nicht weiter.

„Das Leben beginnt dort, wo die Furcht endet."
(Osho)

Klimawandel, stagnierende Weltwirtschaftslage, Atom-waffendepots, Kriege, aggressive Präsidenten, Artenster-ben, Hungersnot, steigende Kriminalität ... Oft reicht es schon aus, die Nachrichten zu lesen, um in den Zustand der Angst versetzt zu werden. Und noch dazu sind all diese Gefahren für uns so wenig beeinflussbar. Wir sind dem allen so schrecklich hilflos ausgesetzt.

Schleichend, von weit weg, lange unterschätzt kam dann noch das Corona-Virus hinzu. Ich kann mich gut er-innern, dass wir an dem Wochenende, an dem in Mün-chen der erste Fall bekannt wurde, noch einen Tag Ski-fahren waren. Traumhaftes Wetter, ausreichend guter Schnee, Germknödel auf der Hütte – das Leben war in Ordnung. Das Wochenende darauf fuhren wir mit dem Zug nach Deutschland, die Oma besuchen. Bereits am Donnerstag gab es Gerüchte, dass Länder ihre Grenzen schließen würden, da das Virus einen besorgniserregenden Ausbreitungsgrad erreicht hatte. Meine Töchter und ich waren die Einzigen in unserem Zugabteil, das öffentliche Leben begann sich bereits zu diesem Zeitpunkt in die eigenen vier Wände zurückzuziehen. Endlich bei der Oma angekommen, ließ uns das Gefühl der Unruhe nicht los. Wir fuhren verfrüht am Samstagabend retour, die Angst, nicht mehr nach Hause zu kommen, trieb uns an. Das Auto war voll beladen mit Unmengen an Obst, Gemüse, Nudeln, Konserven, Suppen, Schokolade, Kaffee, Haltbarmilch und Wein. Denn am Tag davor hatten bereits viele Freunde Fotos von Wiener Supermärkten geschickt, wo ganze Regale leer gefegt waren. Während die Mädels auf dem Rücksitz schliefen, hielten mein Mann und ich den Atem an, als wir uns der Grenze zu Österreich näherten. Doch es war alles ruhig und wir kamen ohne Stopp kurz vor Mitternacht in Wien an. Am nächsten Tag gab die österreichische Bundesregierung bekannt, dass ab Montag alle Kinder, die zu Hause betreut werden konnten, den Schulen und Kindergärten fernbleiben sollten. Ab diesem Moment war die große Krise dieser Welt nicht mehr zu leugnen. Sie war da. Auch in unserem Leben, mit voller Wucht.

Aus Italien trafen schreckenerregende Bilder von überlasteten Krankenhäusern, menschenunwürdigen Bedingungen und zigtausend Toten ein. Spanien folgte bald nach, dann die USA, und auch in Österreich kletterten die Zahlen der Infizierten und Toten immer weiter in die Höhe. Die Geschäfte blieben geschlossen, die Restaurants und Bars durften nicht mehr aufsperren, die Menschen wurden angehalten, möglichst in ihren eigenen vier Wänden zu bleiben.

Und da saßen wir dann – zu viert in unserem Haus. Mit wenig Arbeit, mit vielen Fragen, mit noch mehr Ängsten. Die Angst, sich selbst anzustecken, hielt sich in Grenzen. Mehr Angst hatte ich davor, dass meine alten und kranken Eltern das Virus bekommen könnten, denn sie würden es wahrscheinlich nicht überleben. Die große Angst galt dem Zusammenbruch der Weltwirtschaft, dem Verlust von Arbeitsplätzen, dem finanziellen Notstand. Gleichzeitig kristallisierte sich bei mir immer mehr die Befürchtung heraus, dass die Menschheit nichts aus dieser Krise lernen würde, dass das Leben danach genauso weitergehen würde wie bisher – vielleicht sogar noch schneller, noch intensiver, noch egoistischer.

Ich fühlte mich wie in einer Luftblase. Isoliert, abgeschottet, eingefroren. Und gleichzeitig war da diese wirklich starke Emotion, die Angst vor dem, was noch kommen würde.

Ich weiß, dass Angst ein schlechter Gefährte ist. Sie macht alles kaputt. Sie lähmt. Ich glaube sogar, dass ängstliche Menschen mehr Unglück anziehen als Furchtlose. Nicht umsonst heißt es, den Mutigen gehört die Welt. Ein Leben in Angst ist keine Option für mich.

Was aber konnte ich tun gegen diese Angst?

Ich begann, nach Sicherheiten in meinem Leben zu suchen: Die wichtigste und stärkste fand ich im Zusammenhalt meiner Familie. Ich war nicht allein mit der Situation, mit der Angst, mit der Organisation einer gelingenden Zukunft. Ich hatte meinen Mann, meine Kinder, meine Schwester und auch meine Eltern an meiner Seite. Unser Haus war mein perfekter Rückzugsort, wo ich mich sicher fühlte. Wir waren alle gesund, ohne Vorerkrankungen, wir mussten nur alles dafür tun, gesund zu bleiben.

Das Gebot der Stunde: Bleibe bei der Realität! Die für uns wirklich reelle Gefahr war die wirtschaftliche. Die Gefahr, dass wir unser Leben nicht mehr würden finanzieren können. Ich erstellte einen absoluten Notfallplan. Welche

Schritte konnte ich tun, wenn wir beide in Kurzarbeit geschickt oder gar unsere Jobs verlieren würden und unsere Fixkosten nicht mehr decken könnten? Ich rechnete aus, wie lange unsere Ersparnisse ausreichen würden. Ich machte sogar eine Liste von Personen, bei denen ich womöglich Geld ausborgen konnte.

Ich beschloss, die Nutzung der Medien wieder stark einzuschränken. Es reichte, dreimal am Tag die wichtigsten Schlagzeilen auszuwählen und die dazugehörigen Artikel zu lesen. Das unentwegte Recherchieren und Beschäftigen mit diesen Schreckensmeldungen trug nicht viel zu einem Sicherheitsgefühl bei.

Ich wollte versuchen, meine Perspektive zu ändern. Was konnte diese Krise Gutes an sich haben? Fakt war, dass die Umwelt eine Verschnaufpause bekam. Ob die Krise langfristig etwas gegen den Klimawandel würde ausrichten können, blieb noch offen, aber war dies vielleicht der Anfang für einen möglichen Weg? Vielleicht konnte ich nochmals unser Leben durchdenken. Was war wirklich notwendig? Was war sinnvoll? Wo könnten wir noch einsparen, uns reduzieren, unseren Beitrag leisten?

Ich begann, wieder zu meditieren. Der Rückzug in meine innere Welt, das bloße Sein, die Konzentration auf den Atem gab mir wieder ein Gefühl der inneren Ruhe. Und in der Ruhe liegt die Kraft.

Meine Aktivitäten trugen Früchte. Die Angst nahm ab. Sie wurde kleiner. Überschaubarer. Weniger furchterregend. Und dann kam wieder die Zuversicht. Die Überzeugung, dass es schon irgendwie gehen würde. Dass wir gemeinsam aus der Krise herauskommen würden. Dass etwas Gutes doch bleiben würde. Dass nicht alle Menschen unbelehrbar waren. Dass ich das Beste aus der Situation machen wollte!

Ich dachte viel nach in dieser Zeit, und da fiel mir eine Situation aus der Vergangenheit ein:

Als der Kreditvertrag für unser neues Haus per Post zugestellt wurde und die Anwaltspapiere auf dem Tisch lagen, was ich im Falle einer Trennung zurückzuzahlen hätte, bekam ich es mit der Angst zu tun. Was, wenn es sich nicht ausging mit dem ausgeliehenen Geld? Was, wenn ich die monatliche Rate nicht bedienen konnte? Was, wenn wir plötzlich Geld für etwas Unvorhersehbares brauchen würden? Was, wenn wir nicht zusammenbleiben würden?

Viele Fragezeichen und wenig Antworten. Ich wusste es schlichtweg nicht. Möglich ist einfach alles.

Ich habe damals alle Varianten durchdacht. Die für mich schlechteste war, der Angst zu folgen und das Projekt abzusagen. Ich hätte mich furchtbar gefühlt. Ich hätte einen großen Lebenstraum aufgeben und einige Menschen schwer vor den Kopf stoßen müssen. Das war also keine Option. Ich habe stattdessen Szenarien entwickelt, die den Worst Case bedienten, und auch wenn ich nicht alle Wechselfälle berücksichtigen oder mit Lösungen versehen konnte, beschloss ich, mit hundertprozentiger Zuversicht voranzuschreiten. Bis heute habe ich es nicht bereut.

Gedankenanstoß Nr. 15

This will pass, too.

„In three words I can sum up everything I know about life: it goes on." (Robert Frost)

Ajahn Brahm habe ich diesen Blickwinkel zu verdanken. Geht es dir schlecht, leidest du unter etwas, steckst du in einer schwierigen Phase deines Lebens, sei dir gewiss, sie wird irgendwann zu Ende gehen. Diese Zuversicht kann sehr tröstlich sein.

Erlebst du gerade etwas besonders Großartiges, fieberst du auf ein spezielles Event hin, feierst du einen großen Erfolg, wertschätze es jetzt. Genieße den Moment, die Phase, die Zeit. Denn mit ziemlicher Gewissheit wird sie nicht ewig anhalten. Mit dieser Einstellung kann man das Schöne im Leben noch mehr schätzen.

Läuft in deinem Leben gerade alles problemlos, ohne große Ups und Downs? Genieße auch diese Zeit, denn sie hat ebenfalls ein Ablaufdatum.

Alles geht vorbei. Nichts wird so sein, wie es jetzt ist. Kein Stein bleibt auf dem anderen.

Die ewig wirkenden Schuljahre waren irgendwann geschafft und ich hielt mein Maturazeugnis in der Hand.

Die wundervollen Jahre des Studiums gingen viel zu schnell vorbei. Eines Tages war ich keine Studentin mehr und der Ernst des Lebens wartete auf mich.

Die belastenden Jahre des Nebenstudiums lagen doch irgendwann hinter mir. Ich hatte diesen Kampf gewonnen.

Die jahrelange Phase der chronischen Harnwegsentzündungen war irgendwann überwunden. Eine Form der Therapie hatte schließlich doch gegriffen.

Die wundervollen Monate der ersten Verliebtheit gingen vorüber und es kehrte eine Art von Alltag ein.

Der lang ersehnte Tag der Geburt, oder besser gesagt das Ende der Schwangerschaft, war irgendwann da. Und damit war eine wichtige Erfahrung in meinem Leben für immer abgeschlossen.

Die anstrengenden Zeiten, in denen ich meine Töchter gestillt habe und mich wie Edward Norton in „Fight Club" fühlte, nahmen irgendwann ihr unwiderrufliches Ende. Sie wurden von der Phase der Milchflaschen abgelöst.

Der erste Schultag, der Tag der Hochzeit, der Moment der Beförderung, die letzte Kreditrate, die Feier zur Pensionierung. Das Leben ändert sich ständig. Phasen gehen zu Ende, neue Zeiten brechen an. Alles geht irgendwann vorüber. Sogar das Leben selbst.

Unsere kleine Tochter ist keine gute Einschläferin. Wir starten das allabendliche Ritual mit Zähneputzen und Pyjama anziehen. Dann folgt die Gutenachtgeschichte, die meist zwei- oder dreimal gelesen werden muss. Dann das Gutenachtlied, mit mehrfachen Wiederholungen. Danach sagt sie: „Du, bleib noch." Also sitzt man auf dem Sessel neben ihrem Bett und beobachtet, wie sie sich hin und her wälzt. Dann muss sie nochmals auf den Topf. Zurück im Bett wird ein weiteres Gutenachtlied eingefordert. Dann ist das Milchfläschchen kalt geworden und muss gewärmt werden. Schließlich darf man sich aus dem Zimmer schleichen und vor der Türe die Wäsche zusammenlegen. Merkt sie, dass man nicht mehr in der Nähe ist, ist Protest garantiert. Oftmals endet das ganze Drama so, dass sie doch ins große Elternbett schlüpft und dort irgendwann einschläft.

Ist diese Aufgabe erledigt, widme ich mich meinem großen Mädchen. Schulsachen herrichten, Zähneputzen,

Zahnspange, noch hundert Fragen einer Zehnjährigen zum Tag, zum Weltgeschehen, zum Morgen.

Es gibt lange Tage und die Hoffnung auf zumindest einen ruhigen Abend. Und dann das! An diesen Abenden könnte ich laut losbrüllen vor Frust, Ungeduld und Genervtheit. Wo bleibt da noch Zeit für mich? Wo bleibe ich bei alldem?

Dann rufe ich mir in Erinnerung, dass auch diese Phase früher oder später zu Ende gehen wird. Diese zwei Wesen werden nicht mehr lange so viel Zeit und Hingabe von mir einfordern. Nur noch wenige Jahre werde ich überhaupt so eine wichtige Rolle in ihrem Leben spielen dürfen. Wenn mir bewusst ist, dass auch diese Phase im Leben mit einem Ablaufdatum versehen ist und nie wieder zurückkommen wird, beginne ich wieder, sie zu genießen. Meine Ungeduld verfliegt, meine Genervtheit weicht der Verzückung ob dieser reizenden Geschöpfe, der Egoismus kann warten.

Nichts ist für die Ewigkeit. Die schlechten Phasen werden ebenso vorübergehen wie die guten. Die schwärzesten Stunden und die leuchtendsten Momente werden eines Tages Geschichte sein. Wer sich der Vergänglichkeit bewusst ist, kann einerseits das Schlechte besser ertragen und andererseits das Schöne mehr genießen.

Wenn ich dabei an meine Töchter denke, fällt mir immer dieses wunderbare Gedicht ein:

„Noch darf ich sie halten, Deine kleine Hand.

Noch darf ich Dich begleiten, in den Schlaf.

Noch fällst Du in meine Arme, bei Schmerz und Kummer.

Noch bin ich Dein Universum, Tag wie Nacht.

Noch ist es da, Dein kleines Kindergesicht.

Noch haben wir Zeit, Du und ich."

(Unbekannt)

Gedankenanstoß Nr. 16

Dankbarkeit und Demut, bitte!

„Dankbarkeit erzeugt Sinn in der Vergangenheit, Frieden für Heute und erschafft Vision für die Zukunft." (Melody Beattie)

Wir Menschen in der Wohlstandsgesellschaft finden schnell Gründe, warum wir nicht zufrieden sind. Ich selbst zähle phasenweise ebenfalls dazu. Nicht genügend Geld, nicht die Wertschätzung, die man verdient, nicht die Liebe, die man braucht, nicht das Aussehen, das erwartet wird. Unzufriedenheit schleicht oft unbemerkt in unser Leben und führt dann gerne zu Neid. Wie gut es doch den anderen geht im Vergleich zu mir! Er hat mehr Geld und Besitz als ich. Sie klettert die Karriereleiter schneller hinauf. Die Nachbarn machen die aufregenderen Reisen und haben die braveren Kinder. Mögliche Gründe für Unzufriedenheit gibt es wie Sand am Meer.

Ich sitze im Bus auf dem Weg ins Büro und habe schlechte Laune. Es läuft gerade nicht so gut. In keinem meiner Lebensbereiche. Ich sehe es als Pechsträhne, die irgendwie nicht enden will. Ich fühle mich erschöpft, genervt, am Limit. Einer der Faktoren, der zu meiner miesen Stimmung beiträgt, ist akuter Schlafmangel. Unsere kleine Tochter braucht lange, um einzuschlafen, wird nachts mehrmals wach und spätestens ab 6.00 Uhr morgens ist sie wieder topfit. Während ich darüber grüble und mich bemitleide, bekomme ich eine Nachricht von einer Freundin. Sie möchte wissen, wie es mir geht und was es Neues gibt. Ich antworte: „Habe keine gute Phase. Irgendwie läuft grad nichts so richtig gut. Und bei dir?" Sie antwortet: „Was ist los? Uns geht's soweit ganz gut, alle gesund. Leider keine Neuigkeiten." Ich weiß, was sie damit meint. Sie und ihr Mann versuchen seit einiger Zeit, ein Kind zu bekommen. Da die Jahre dahinschreiten, haben sie begonnen, es mit künstlicher Befruchtung zu probieren. Bisher ohne Erfolg. Ich schäme mich in dem Moment für meine Nörgeleien. Ich darf zwei Kinder haben, für die ich unendlich dankbar bin. Demütig senke ich meinen Kopf und schreibe etwas Aufmunterndes zurück.

Ich steige beim Volkstheater aus. Wie jeden Tag kommt auch heute ein alter, verwahrloster Mann zu mir und bittet mich um einen Euro oder zwei. Er besitzt nichts außer der Kleidung, die er am Körper trägt. Er isst, was die Leute ihm zustecken. Er hat kein Dach über dem Kopf. Ich erlaube mir keinen Gedanken mehr über meinen miesen Kontostand.

Nach einem langen Arbeitstag sitze ich wieder im Bus, auf dem Weg nach Hause. Ich lese die Nachrichten auf dem Handy. Erste Schlagzeile: Zahl der Arbeitslosen wieder gestiegen. Ein guter Job ist keine Selbstverständlichkeit. Noch dazu einer, der einem großteils Spaß macht und auch in Teilzeitarbeit genügend Geld zum Leben bringt. Mit einem Büro in der Innenstadt. Der Anruf einer Freundin reißt mich aus meinen Gedanken. Sie erzählt von einem Streit mit ihrem Freund. Insgeheim denke ich, sie liebt ihn gar nicht, sie respektieren einander schon lange nicht mehr, die Anziehung ist auf dem Nullpunkt. Ich höre zu und versuche, gute Ratschläge zu finden, aber eigentlich weiß ich auch keine.

Abends sitze ich meinem Mann beim Abendessen gegenüber. Er ist traurig, weil sein Vater vor kurzem gestorben ist. Ein plötzlicher Tod, der ihn völlig unerwartet aus dem Leben gerissen hat. Ohne die Möglichkeit, sich von ihm zu verabschieden, sich zu bedanken, sich noch einmal zu sehen, zu umarmen oder bloß anzurufen. Ich schäme mich, dass ich mich so viel beklage, dass die Situation mit meinen Eltern – beide alt und krank – so schwierig ist. Immerhin sind sie da! Ich kann sie anrufen, besuchen, mit ihnen über alles sprechen. Mein Vater ist schon zehn Jahre älter, als mein Schwiegervater werden durfte. Plötzlich bin ich sehr dankbar, dass ich alte Eltern habe.

Bevor ich zu Bett gehe, lese ich nochmals die Nachrichten, die ich schon nachmittags lesen wollte. Es ist erdrückend, wie es auf dieser Welt zugeht. Was für ein Glück, in Österreich leben zu dürfen! In einer so sicheren Stadt, einer so grünen und sauberen Stadt, einer Stadt mit so einer großartigen Infrastruktur und einem so reichen Angebot. Ich seufze ob meiner Unzufriedenheit. Ich möchte mich zukünftig mehr in Dankbarkeit üben. Ich nehme mir vor, ab sofort jeden Abend vor dem Schlafgehen an drei Dinge zu denken, für die ich an diesem Tag dankbar bin. Schließlich ist bewiesen, dass die Zufriedenheit steigt, wenn man sich regelmäßig in der Praxis der Dankbarkeit übt.

Ich schlüpfe zu meinem Mann ins Bett. Er ist der Mensch, mit dem ich zusammen sein möchte, mit dem ich mein Leben verbringen will, mit dem ich alt werden will. Ich denke an meine Freundin und ihren Streit mit dem Partner, die ausweglose Situation einer Liebe, die keine mehr ist. Ich fühle Demut, dass ich so privilegiert bin. Ich bin dankbar, dass ich ein so reiches Leben führen darf. Ich bin plötzlich wunschlos zufrieden mit dem, was ist.

Da fällt mir die Szene aus dem Film „Die Entdeckung der Unendlichkeit" ein, wo Stephen Hawking, im Film gespielt von Eddie Redmayne – zu dem Zeitpunkt schon schwer krank und eingeschränkt – zu seiner Frau mit Blick auf ihre gemeinsamen Kinder sagt: „Look what we have made!" Viele Menschen haben ihn aufgrund seines Schicksals unendlich bedauert. Ich denke, er war jemand, der trotz seiner Krankheit über die Maßen mit dem zufrieden war, was er alles erreichen konnte.

Lars Amend hat in seinem Buch „It's all good" geschrieben, dass die Wahrscheinlichkeit, geboren zu werden, bei eins zu vier Billionen liegt. Wenn das stimmt, und davon gehe ich jetzt einfach mal aus, dann halten wir den größten Lottogewinn aller Zeiten bereits in Händen.

Gedankenanstoß Nr. 17

Lebe mit Herzenswärme.

„Von zwei gleich gescheiten Menschen wird der-
jenige den weiteren Horizont haben, der mehr Herz
hat. Mit anderen Worten: Wärme dehnt aus."

(Egon Friedell)

Ich arbeite an einem Ort, an dem der Dalai Lama
schon einmal gewesen ist. Leider vor meiner Zeit. Meine
Kollegen haben erzählt, dass man seine Nähe spüren
konnte, lange bevor er den Raum betrat. Es war, als würden sich Licht und Temperatur verändern, bevor er erschien. Als würde die Zeit für einen Augenblick stillstehen.
Und stand man ihm dann gegenüber, konnte man nicht
umhin, von dieser unendlichen Friedlichkeit erfasst zu
werden. Eine Kollegin sagte: „Es war, als würde sich mein
Herz plötzlich erwärmen. Ja, ich empfand eine unglaubli-
che Zufriedenheit und Herzenswärme von diesem Menschen ausgehend auf mich überspringen."

Bis zum heutigen Tag habe ich kein sehr spirituelles Leben geführt, aber Herzenswärme oder besser gesagt der Wunsch danach haben immer wieder meinen Weg gekreuzt. Schon seit meiner Jugend begleitet mich die Meditation der Herzenswärme, über die ich in Jack Kornfields Buch „Frag den Buddha und geh den Weg des Herzens" gelesen habe.

Phasenweise wende ich sie täglich an, meist direkt nach dem Aufwachen. Manchmal vergesse ich auch wieder darauf und es dauert Wochen oder Monate, bis ich wieder in eine Art Routine komme. Speziell in schlechten Zeiten, in Phasen der inneren Unruhe oder der Ängstlichkeit greife ich gerne wieder darauf zurück. Denn die Worte lassen mich still werden und geben mir das Gefühl der Geborgenheit, ja, manchmal kehrt sogar eine gewisse Leichtigkeit bei mir ein.

Die Meditation der Herzenswärme ist eine zweieinhalbtausend Jahre alte Übung, in der Formulierungen, Imaginationen und Gefühle eingesetzt werden, um Herzenswärme und Freundlichkeit sich selbst und anderen gegenüber anzuregen. Im Kern geht es um das stille Rezitieren von wenigen Sätzen:

Möge ich mit Herzenswärme erfüllt sein.

Möge ich gesund sein.

Möge ich mich friedlich und gelassen fühlen.

Möge ich glücklich sein.

Was ich später noch für mich ergänzt habe:

Möge ich mich frei und sicher fühlen.

Möge ich erfüllt und dankbar sein.

Während man sich diese Sätze im Stillen vorsagt, kann man dazu auch positive Bilder visualisieren. Ich stelle mir manchmal vor, wie ich den Dalai Lama treffe und seine Herzenswärme auf mich überspringt.

Das tibetische Oberhaupt, weltweit bekannt für seine enorme Warmherzigkeit und Güte, sagte einmal, Mitgefühl entstehe dann, wenn man sich gewahr sei, wie sehr die Menschen sich Glück wünschen würden und wie wenige wirklich glücklich wären. Er sieht diese Herzensqualität als zentral an:

„Kultivieren wir Liebe und Mitgefühl, die dem Leben wirklich einen Sinn zu geben vermögen. Alles andere ist nebensächlich."

Zur Praxis seines Mitgefühls behandelt der Dalai Lama jeden Menschen, den er trifft, wie einen guten Freund. Denn für ihn gilt:

„Es ist für das Leben auf diesem Planeten entscheidend, ob möglichst viele Menschen eine liebende Einstellung zu ihrer Umwelt entfalten können ... Wenn es der Menschheit nicht gelingt, diese umfassende Sicht der Liebe zu entfalten, dann weiß ich nicht, welche Zukunft uns erwarten soll."

Gedankenanstoß Nr. 18

Ein Zauberer kommt nie zu spät. Ebenso wenig zu früh. Er trifft genau dann ein, wenn er es beabsichtigt.

„Wenn du bis heute mit verschlossenen Ohren und schlafendem Geist herumgelaufen bist, dann ist es jetzt Zeit aufzuwachen!"

(Gandalf in „Der Herr der Ringe")

Ein Schnelldurchlauf für hilfreiche Lebensweisheiten gefällig?

Bequem auf dem Sofa, mit Chips und Toffifee?

Bitteschön - here we go!

Man braucht:

- mindestens drei freie Abende

- „Herr der Ringe" Teil 1, 2 und 3 (als DVD oder gestreamt) – auf jeden Fall die extended Version im Director´s Cut

- wahrscheinlich drei Packungen Chips

- wahrscheinlich drei Packungen Toffifee

- Getränke nach Wahl

„Herr der Ringe" ist in jedem Fall ein Filmgenuss. Das Epos hat mir allerdings wie kein anderer Film sehr viele Antworten auf wesentliche Fragen des Lebens gegeben, daher hat es für mich eine große Bedeutung.

Der zentrale Gedanke dieser Trilogie von J.R.R. Tolkien ist die Verführbarkeit des Menschen durch Macht. Wie im wahren Leben auch zeigt sich im Film: Wer Macht hat, will noch mehr Macht besitzen. So wird dieser eine Ring geschmiedet, dem alle unterworfen sind. So kommt es zu den vielen Kämpfen um diese zentrale Macht. Alle Völker verfallen ihr, nur ganz wenige können ihr widerstehen. Nämlich jene, die die Stärke besitzen, ihre persönliche Wahl für Freiheit, Moral und das Allgemeinwohl vor den Wunsch nach Macht stellen zu können.

Der Krieg, der beginnt, ist auch ein Kampf zwischen Völkern. Jenen, die die Natur schätzen und schützen auf der einen Seite, und jenen, die sie zu ihrem eigenen Vorteil ausbeuten möchten, auf der anderen Seite. Spannenderweise sind es die kleinsten, die am wenigsten wahrscheinlichen, die augenscheinlich schwächsten, die es mit diesem Kampf aufnehmen: die Hobbits. Ich muss unweigerlich an Greta Thunberg denken, wenn Lady Galadriel zu Frodo sagt:

„Selbst der Kleinste vermag den Lauf des Schicksals zu verändern."

Ich rufe mir selbst immer wieder in Erinnerung, dass jeder einen Unterschied machen kann. Dass es nicht egal ist, wie man lebt, was für ein Vorbild man ist, welche Anstrengungen man unternimmt. Dass auch kleine Schritte etwas Größeres ins Laufen bringen können.

Das Epos beschäftigt sich intensiv mit dem Prozess der Selbstfindung. So darf Frodo, der Held der Geschichte, mit jedem Schritt auf seiner Reise sowohl seine Kräfte als auch seine Grenzen immer mehr erkennen. Er wird mit immer größeren Herausforderungen konfrontiert und wächst an ihnen. Er spürt aber auch zusehends, dass er mit dieser großen Aufgabe mehr oder minder alleine ist. Vor dem Schicksalsberg findet er sein tiefstes Innerstes: seine Ängste, seine Wünsche, aber auch seinen uneingeschränkten Willen. Frodo muss sich der größten Gefahr stellen und seine tiefste Angst überwinden, um den Ring im Feuer des Berginneren ein für alle Mal zu vernichten. Diesen Bewusstwerdungsprozess beschreibt C. G. Jung als „Individuation". Ein Entwicklungsweg, auf den auch wir alle eingeladen werden: Finde heraus, wer du bist und wozu du imstande bist. Stelle dich deinen Ängsten und Schatten und übernimm Verantwortung. Dann wirst du der Held deines Lebens!

Wie jedes Leben hat auch meines Herausforderungen mit sich gebracht. Mich ihnen zu stellen, mich mit ihnen auseinanderzusetzen, Wege zu finden, damit umzugehen, hat mich ein großes Stück wachsen lassen. Die Erkenntnis, dass die Verantwortung bei mir selbst liegt und nur ich meinem Leben eine Richtung geben kann, ist wesentlicher für mich gewesen als alles andere.

Auf seinem Weg, der den Umgang mit vielen schwierigen Situationen erfordert, erhält Frodo Hilfestellungen; am meisten von zwei Menschen, die ihm von Herzen zugetan sind. In großer Verzweiflung, mitten auf dem Weg nach Mordor, wo er den Ring zerstören muss, sagt er zu Gandalf, dem Zauberer, der ihn mit anderen Gefährten auf dieser Reise begleitet: „Ich wünschte, ich hätte den Ring nie bekommen. Ich wünschte, all das wäre nie passiert." Darauf antwortet Gandalf:

„Das tun alle, die solche Zeiten erleben. Aber es liegt nicht in ihrer Macht, das zu entscheiden. Du musst nur entscheiden, was du mit der Zeit anfangen willst, die dir gegeben ist."

Nicht alles liegt in unserer Hand. Die Karten, die wir in Händen halten, konnten wir nicht selbst aussuchen. Wir können aber bestimmen, wie wir das Spiel angehen. Und ich habe für mich beschlossen, für die Dinge zu kämpfen, die ich mir für mein Leben wünsche, niemals aufzugeben und in allem auch eine Chance zu sehen.

Das tugendhafte Leben, die Bescheidenheit, die Moral werden in „Herr der Ringe" vielfach thematisiert. So dürfen wir auch über das Werten etwas lernen. Der Zauberer Gandalf sagt zu Frodo:

„Viele, die leben, verdienen den Tod. Und manche, die sterben, verdienen das Leben. Kannst du es ihnen geben? Dann sei auch nicht so rasch mit dem Todesurteil bei der Hand."

Ich denke, der Großteil von uns – ich eingeschlossen – wertet zu viel. Wir bilden uns sogleich eine Meinung, stempeln Menschen danach ab, verschließen uns vor anderen Meinungen. Ich möchte lernen, mit der größtmöglichen Offenheit und Toleranz zu leben, denn wie Gandalf sagt, was bemächtigt mich zu einem Urteil?

Wie in allen großen Epen geht es natürlich auch um die Liebe. Aragorns und Arwens Liebe zueinander steht vor einer großen Herausforderung. Er ist sterblich, sie ist eine Halbelbe und unsterblich. Ihr Vater drängt sie, mit ihrem Volk mitzukommen und Aragorn zu verlassen. Sie aber hält an ihrer Liebe fest und bleibt bei Aragorn. Sie unterstützt ihn im Kampf mit seinem großen Schicksal: Sein Vorfahre Isildur hatte vor sehr langer Zeit die Chance, den Ring zu vernichten, wurde aber in letzter Minute von der Gier nach Macht ergriffen und behielt den Ring für sich. Aragorn kämpft mit diesem Unvermögen, diesem Scheitern innerhalb seiner Familie, der Angst, er könnte ebenso versagen. Durch Arwen können wir eine sehr wichtige Lektion für unser aller Leben, das ja zweifellos von dem unserer Eltern und Großeltern geprägt wird, lernen. Sie sagt zu ihm:

„Du bist Isildurs Erbe, nicht Isildur selbst. Du bist nicht an sein Schicksal gebunden."

Auch ich habe lange Zeit lernen müssen oder dürfen, dass mein Leben einen anderen Weg einschlagen kann als das meiner Eltern. Dass ihre Voraussetzungen nicht meine sind, dass ihre Vorstellungen nicht meine sein müssen, dass ihre Stolpersteine nicht auch meine sein müssen. Das eigene Erbe annehmen und gleichzeitig von sich fernhalten zu können, bedarf manchmal großer Anstrengung.

Aragorn zweifelt immer wieder daran, ob er Arwen von ihrem Volk und ihrer Unsterblichkeit abbringen darf, nur um bei ihm zu bleiben. Arwen hingegen kennt ihren Weg und geht ihn ohne Zögern. Im Moment seines größten Zweifelns appelliert sie an sein Vertrauen:

„Wenn du an nichts glaubst, glaube an das. Glaube an uns."

Jede Beziehung, jede Ehe, jede Partnerschaft wird irgendwann vor einer Hürde stehen, die alles von uns abverlangen wird. Der Glaube, das Vertrauen und der starke Wunsch nach der Überbrückung von Hindernissen werden ausschlaggebend sein, ob wir unsere Beziehung retten können oder nicht.

Neben der Liebe ist auch der Tod ein zentrales Element in „Der Herr der Ringe".

Ich habe noch keine schönere Vorstellung vom Ende des Lebens gefunden und möchte es mir gerne genau so vorstellen wie in dieser Szene:

Als die Situation ziemlich unausweichlich wird, wendet sich Pippin, einer der Hobbit-Freunde von Frodo, an Gandalf, den Zauberer.

Pippin: „Ich hätte nicht gedacht, dass es so endet."

Gandalf: „Enden? Nein, hier endet die Reise nicht. Der Tod ist nur ein weiterer Weg, den wir alle gehen müssen. Der graue Regenvorhang dieser Welt zieht sich zurück und verwandelt sich in silbernes Glas. Und dann siehst du es."

Pippin: „Was, Gandalf? Was sehe ich?"

Gandalf: „Weiße Strände, und dahinter ein fernes grünes Land unter einer rasch aufgehenden Sonne."

Pippin: „Dann ist es nicht schlimm?"

Gandalf: „Nein, nein, ist es nicht."

Gedankenanstoß Nr. 19

Erwartungen – und warum sie mehr ruinieren, als sie uns bringen.

„Wenn wir unsere Erwartungen verringern, werden wir Zufriedenheit erfahren." *(Dalai Lama)*

Erwartungen sind dem Menschen so eigen wie Liebe, Angst oder Hoffnung. Große Events wie Weihnachten, Neujahr oder die großen Sommerferien sind prädestiniert für Erwartungen. Aber auch Lebensereignisse wie die Matura, der erste Kuss, der Heiratsantrag, die Hochzeit oder die Geburt des ersten Kindes lösen bei uns augenblicklich Vorstellungen aus, und werden diese nicht erfüllt, sind wir oftmals enttäuscht. Erwartungen spielen aber auch im täglichen Leben eine große Rolle. Wie werden wir empfangen, wenn wir nach Hause kommen, wie reagieren die Kinder auf die Geschenke, die wir mitgebracht haben, was sagt der Partner zu unseren Vorschlägen fürs Wochenende? Im Kleinen wie im Großen entwickeln wir schnell Erwartungen, die, wenn sie nicht erfüllt werden, zu Ärger und Enttäuschung führen.

Ich habe gelernt, dass es besser ist zu versuchen, seine Erwartungen außen vor zu lassen. Zu versuchen, möglichst unvoreingenommen und frei an die Dinge heranzugehen. Denn die Chance, dass die Erwartungen, die man in seinem Kopf hat, erfüllt werden, ist eher gering. Ein falsches Wort, eine unangebrachte Geste, ein fehlendes Requisit – all dies kann eine spezielle Situation schon völlig ruinieren. Die Wahrscheinlichkeit, dass wir uns auf eine Situation voll einlassen können, wenn wir großteils ohne Erwartungen sind, ist hingegen relativ groß.

Nahezu jede Frau hat irgendwelche Erwartungen, wie der Heiratsantrag, den sie bekommt, ablaufen soll. Von klein auf haben wir aus den Märchenbüchern gelernt, wie der Prinz seine Prinzessin rettet, um sie dann sogleich im Glitzerkleid vor den Altar zu führen. Hollywood hat uns seither weitergebildet. Nach dem Überwinden vieler Hindernisse kniet der Protagonist vor seiner Angebeteten nieder, während hinter den Bergen die Sonne untergeht. Er präsentiert einen funkelnden Brillantring, der natürlich haargenau auf ihren Ringfinger passt. Während des Ansteckens hält er die Rede seines Lebens, sodass es uns Zuseherinnen die Tränen in die Augen treibt. Sie beantwortet seine Frage mit einem gehauchten „Ja" und fällt ihm, dem Überglücklichen, um den Hals.

Wer sich etwas in dieser Art erwartet, muss leider mit Enttäuschung rechnen. Selten geht dies gut aus. Ich kenne kaum jemanden, der den perfekten Heiratsantrag erlebt hat – weder Frauen noch Männer. Ich kenne eher viele Geschichten von kleinen oder großen Pannen, dem schlechten Zeitpunkt, fehlender Freude, der falschen Antwort oder einem Ring, der nicht gefallen hat.

Der zweite Heiratsantrag meines Lebens war wahrscheinlich nur deshalb gelungen, weil ich gar nicht damit gerechnet und somit keine Erwartungen hatte. Wir saßen in Rom auf einer Dachterrasse mit Blick auf die imposante Stadt. Ich hatte vor wenigen Tagen erfahren, dass ich schwanger war. Mir war furchtbar schlecht, aber ich war überglücklich und zusätzlich überwältigt von dieser großartigen Stadt, in der ich zuvor noch nie gewesen war.

Wir waren die einzigen Gäste der Rooftop-Bar, weil wir früh dran waren und die Italiener vor 21 Uhr nicht zum Abendessen aufbrechen. Ohne jegliche Vorwarnung, ich denke wirklich spontan aus dem Bauch heraus, sagte mein Mann zu mir: „Besser wird es nicht mehr. Würdest du mir die Ehre erweisen und meine Frau werden?"

Kein Hinknien, keine große Rede und auch kein Ring. Und dennoch ein Antrag aus tiefstem Herzen, vor einer wunderschönen Kulisse, wahrscheinlich mit dem perfekten Timing. Den Ring durfte ich mir übrigens im Nachhinein selbst aussuchen. Und ich bin sehr froh darüber, denn es ist jetzt genau der, den ich wollte, und er passt perfekt.

Erwarte nichts und du bekommst alles! Das hat in diesem Fall gestimmt.

Ein hinduistisches Sprichwort besagt:

„Glück ist Wirklichkeit minus Erwartungen."

Je höher die Differenz zwischen der Wirklichkeit und den Erwartungen ist, umso weniger Glück können wir empfinden. Wie aber kann man lernen, frei von Erwartungen zu leben?

Wir müssen uns bewusst machen, dass Erwartungen unsere Wünsche und Vorstellungen sind, die nichts mit der Realität zu tun haben müssen. Ein Leben ohne Erwartungen bedeutet, die Wirklichkeit so zu akzeptieren, wie sie ist.

Man kann dies trainieren, indem man sich vornimmt, Aufgaben zu erledigen und bewusst keine Reaktion wie Lob oder Dankbarkeit zu erwarten. Z.B. die erledigte Aufgabe im Job, das passioniert gekochte Essen für die Familie, die Hilfestellung für die Nachbarn usw. Wir tun die Dinge und achten bewusst auf unsere Gedanken und Gefühle. Indem wir anfangen zu akzeptieren, was ist, fangen wir an, weniger Erwartungen zu haben. Es lebt sich leichter und glücklicher, wenn wir unsere (oftmals auch überzogenen) Erwartungen loslassen und das Leben annehmen, wie es eben kommt. Und auch die Menschen mit ihren Reaktionen, wie sie eben sind. Und dann können wir uns auch immer wieder mal oder immer öfter einfach nur überraschen lassen.

Gedankenanstoß Nr. 20

Das Ich-bin-ich

„Der Vergleich mit anderen macht dich blind für das Original, das du bist." (Laura Malina Seiler)

Der Lauf des Lebens meiner Schwester gleicht in vielen Weisen dem Meinen. Die Wahl der Schule, die Wahl des Studiums, die Wahl des Berufs. In mancher Hinsicht sind wir uns sehr ähnlich, in anderer wieder sehr verschieden. Sie blüht auf, wenn sie sich in einer großen Gruppe von Menschen befindet. Sie spricht mit jedem, ob sie ihn kennt oder nicht. Sie unterhält ganze Runden, ob sie gesprächig sind oder nicht, und führt oftmals den Abend an. Sie ist die Drehscheibe einer jeden Party. Ihr Kalender ist gut gefüllt mit Abendessen, Veranstaltungen, Theateraborunden und unzähligen Treffen mit Freunden. Ich wollte gerne so sein wie sie. Ich wollte auf dem gesellschaftlichen Parkett brillieren, wie sie es mir vorzeigte. Und wenn ich mich wirklich anstrenge, komme ich annähernd dorthin. Doch irgendwann kam schleichend die Erkenntnis, dass es ein Vortäuschen von Tatsachen ist, die nicht zu mir passen. Ich mag Partytalk nicht, ich mag große Runden von Leuten nicht, und ich mag vor allem keine gut gefüllten Kalender. Ich liebe es, zu zweit essen zu gehen, ich liebe es, durch die Stadt zu spazieren, ich liebe es, mit meinem Mann in eine Bar zu gehen. Ich treffe gerne die immer gleiche Gruppe von guten alten Freunden, die sehr überschaubar ist. Ich bin am liebsten mit meiner Familie zusammen. Ich bin oft gerne alleine.

Es war sehr befreiend für mich, mir einzugestehen, was ich nicht bin. Was ich nicht sein muss. Auch wenn die Gesellschaft es anders vorgibt. Ich zwinge mich nicht mehr in dieses Korsett.

Wer kennt es nicht, das Buch vom Ich-bin-ich? Mira Lobes kleines Tier, das auf der bunten Blumenwiese spazieren geht. Es fühlt sich mit vielen anderen Tieren verwandt – obwohl es keinem wirklich gleicht. Die Tiere schicken es weiter auf seiner Suche nach sich selbst, von einem zum anderen. Es ist kein Pferd, keine Kuh, kein Vogel und auch kein Nilpferd. Langsam steigen Zweifel in ihm auf. Wieso gehört es denn zu niemandem? Die Verzweiflung wird immer größer, bis das kleine Tier erkennt, wer es wirklich ist: ein Original. Einzigartig. Das Ich-bin-ich.

Die Suche nach sich selbst ist oft keine leichte. Die Vermischung aus Wunsch, Projektion und Realität ist manchmal schwer zu durchschauen. Das Wollen und Können weicht gerne vom Sein ab. Hinter all den Fassaden, hinter all den Vorstellungen, hinter all den (absichtlichen und unabsichtlichen) Täuschungen: Wer bin ich denn wirklich?

Oftmals hilft es, jemand anderen zu fragen. Jemanden, der sich auch traut, Kritisches auszusprechen. „Wie siehst du mich? Was sind meine herausstechenden Eigenschaften?"

Ich habe kürzlich meinen Mann gefragt: „Welche Eigenschaften sind typisch für mich?"

Neben vielen netten Dingen sagte er auch, er fände mich fatalistisch. Ich würde oftmals nur in Schwarz und Weiß sehen und denken. Ich wäre entweder ganz oben oder ganz unten. Die Dinge sind großartig oder ganz fürchterlich. Ich habe darüber nachgedacht, und er hat recht. Das bin ich. Der Hang zur Dramatik ist ein Teil meiner DNA. Ich werde einen Teufel tun und ihn aufgeben. Denn ich mag ihn. Aber ich verstehe auch, dass sich andere Menschen schwertun, mich einzuordnen, mich zu verstehen. Und zu wissen, dass ich so bin, es mir bewusst gemacht zu haben, hilft mir auch, mich selbst oft besser zu verstehen.

Ich habe die Inquisition weitergeführt. „In welchen Situationen siehst du mich völlig aufgehen?"

Er antwortete: „Bei der Gartenarbeit, beim Schreiben, bei einem guten Glas Wein vorm Kamin, beim Sex." Ich habe auch darüber nachgedacht, und ich denke, er hat mich auch damit erkannt. Was ist der gemeinsame Nenner all dieser Aktivitäten? Ich bin dabei alleine oder zu zweit. Ich widme mich ausschließlich und konzentriert einer Sache. Alle diese Dinge haben mit Hingabe zu tun.

Wenn wir erkennen, wer wir nicht sind und nur vorgegeben haben zu sein oder sein wollten, haben wir die Chance, wieder wir selbst zu werden. Wenn man sich selbst nichts mehr vormachen muss, wenn man nicht mehr fremden Erwartungen entsprechen muss, wenn man beschließt, zu dem zu stehen, wie man ist, hat man ein lautes Ja zu sich gesagt. Man hat sich angenommen. Man hat die schweren Hüllen fallen gelassen, und okay zu seiner nackten Wahrheit gesagt.

Ich fand diesen Prozess sehr befreiend. Und ich weiß, es heißt nicht, dass sich diese Eigenschaften nicht im Laufe der Zeit ändern können. Oder dass ich die eine oder andere verändern will. Es heißt nur, dass ich es jetzt akzeptiere, wie es ist, dass ich nicht mehr wegschaue oder mich vor mir selbst verstelle.

Judy Garland hat das viel eleganter ausgedrückt:

„Sei eine erstklassige Ausgabe deiner selbst, keine zweitklassige von jemand anderem."

Gedankenanstoß Nr. 21

Geh, wohin dein Herz dich trägt.

„Trägst Du einen tief sitzenden Herzenswunsch in Dir, hast Du auch die Möglichkeit, ihn zu verwirklichen. Deine Aufgabe ist es ´nur´, Dich diesem Herzenswunsch hinzugeben!" (Heidi Marie Wellmann)

Nachdem meine erste Ehe gescheitert war, folgte eine Zeit des Überwindens. Ich überwand Zeit, die ich zum Nachdenken brauchte. Ich überwand Energielosigkeit, weil das Leben weiterging. Ich überwand leere Kalendertage, damit mir meine Einsamkeit nicht ins Gesicht starrte. Ich überwand einen Anlass zum Feiern nach dem anderen, weil sie alle immer konfliktreich und schwierig waren. Ich wurde die Meisterin im Überwinden.

Eines Tages stand ich vor dem großen Spiegel in meinem Vorzimmer und sah mir selbst ins Gesicht. Es sah müde aus und angestrengt. Ich wusste, mit ewigem Überwinden würde ich nicht weit kommen. Mir ging auch schon ziemlich die Energie aus. Denn Überwinden – oder sagen wir es einfach: zum Teil sich und anderen etwas vorspielen – ist anstrengend.

„Setz dich auf deinen Hintern und denk nach, was du mit dem Rest deines Lebens anstellen möchtest", sagte ich zu mir selbst. „Es ist Zeit, keine Zeit mehr verstreichen zu lassen. Das Leben rinnt dir durch die Finger." Damit hatte ich mein Überwinden durchbrochen und mich dem gestellt, was vor mir lag: mein Leben, und wie dies nun weitergehen sollte. Es war der Anfang eines wichtigen Prozesses.

Und so saß ich viele Abende lange Zeit still da und hörte in mich hinein. Ich begann, mich selbst zu beobachten, in welche Richtung ich gehen wollte, welche Dinge mir wichtig erschienen und welche vernachlässigbar waren. Ich versuchte, mich loszusagen von dem, was die anderen vielleicht über mich denken könnten. Und irgendwann gestand ich mir selbst ein, dass ich schon ursprünglich meinem Herzenswunsch gefolgt war, dass er nur nicht in dieser Form funktioniert hatte.

Meine Paraderolle im Leben? Aus meinem Bauchgefühl heraus - eine gute Partnerin sein.

Meine Herzensrolle im Leben? Mit fester Überzeugung – Mutter sein.

Meine Vision vom glücklichen Leben? Meine eigene Familie zu haben, ein Teil davon zu sein, gemeinsam durch das Leben zu gehen.

Ich gestand mir ein, dass ich mir selbst eine zweite Chance zugestehen musste. Dass mir egal sein musste, ob andere mich als skrupellos oder ungeduldig oder egoistisch beurteilen würden. Ich wollte diesen Herzenswunsch zumindest jetzt noch nicht aufgeben. Diese Erkenntnis war der erste Schritt in eine neue Richtung, in mein neues Leben.

Unlängst erst habe ich mich in einer ähnlichen Situation wiedergefunden. Mein Leben ist schön, aber manchmal kommt es mir vor, als ginge noch mehr, irgendetwas scheint zu fehlen. Ich hatte das Glück und den Luxus, einige Tage mit mir allein verbringen zu können. In dieser ungewohnten Stille fing ich an, darüber nachzudenken, was denn mein innerer Ruf mir sagt. Und nach und nach zeigte sich, dass mir das Kreative, das Erschaffen, das Gestalten in meinem Leben fehlt. Von Kindheit an liebte ich das Künstlerische. Ich schrieb Gedichte und Kurzgeschichten, ich tanzte und malte Bilder, ich spielte Klavier. Ich fragte mich, was ich denn eigentlich als Kind werden wollte. Schriftstellerin! Immer Schriftstellerin! Von diesem

Moment an war mir klar, dass ich dieses Buch schreiben musste, koste es, was es wolle. Je länger der Prozess dauert, desto mehr muss ich Farbe bekennen, desto mehr muss ich meine Komfortzone verlassen. Ängste, Zweifel sitzen mir im Nacken. Was, wenn es niemandem gefällt? Was, wenn ich Dinge preisgebe, die so persönlich sind, dass sie mich oder andere verletzen könnten? Ich zeige mit diesem Buch mein Herz, meine Gedanken, mein Innerstes – und setze mich der offenen Kritik aus. Was, wenn es gut werden könnte?, sagt mein Mann. Was, wenn es anderen Menschen helfen könnte?, sagt meine Tochter. Was, wenn ich nicht meinem Herzen folge? Was, wenn ich es ewig bereuen würde, es nicht zu Ende gebracht zu haben?

Veit Lindau habe ich letztens in einem YouTube-Video sagen hören, dass unser Problem der Zwiespalt zwischen dem Bedürfnis nach Sicherheit und dem Bedürfnis nach Entfaltung ist. Fühlen wir uns zu sicher, schlafen wir ein. Streben wir nach Veränderung und Erfüllung, gerät oft unser Sicherheitsgefühl in Bedrängnis. Er rät, auf unseren inneren Ruf zu hören, zu lauschen, was uns antreibt, was uns beflügelt und wohin es uns zieht, die dann entstehende Angst in eine Art aufregende Erregung umzuwandeln und nicht zu warten, dass unser Leben vorbeizieht, ohne dass wir seinem Ruf gefolgt wären.

Lars Amend hat es in einem Posting auf Instagram so ausgedrückt:

„Der beste Ratschlag, den du jemals bekommen wirst: Traue dich, mach es und vermassel es lieber, als dich für den Rest deines Lebens zu fragen, wie es wohl ausgegangen wäre."

Da fällt mir eines meiner Lieblingsbücher ein: „Geh, wohin dein Herz dich trägt" von Susanna Tamaro. So endet das Buch:

„Und wenn sich dann viele verschiedene Wege vor dir auftun werden, und du nicht weißt, welchen du einschlagen sollst, dann überlasse es nicht dem Zufall, sondern setz dich und warte. Atme so tief und vertrauensvoll, wie du an dem Tag geatmet hast, als du auf die Welt kamst, lass dich von nichts ablenken, warte, warte noch. Lausche still und schweigend auf dein Herz. Wenn es dann zu dir spricht, steh auf und geh, wohin es dich trägt."

Gedankenanstoß Nr. 22

Ich will, ich muss ... Warum genug oft nicht genug ist.

„Wer nicht mit dem zufrieden ist, was er hat, wäre auch nicht zufrieden, wenn er hätte, was er nicht hat." (Berthold Auerbach)

Ich bin im absoluten Wohlstand aufgewachsen. In einem schönen Haus, mit einem großen Garten, mit einem eigenen Pool. Ich durfte Klavier spielen, Judo machen, Tennisstunden nehmen. Wir fuhren auf Urlaub, wir gingen Skifahren, wir besuchten die Oper. Mir fehlte es an nichts.

Selbstständig diesen ungeheuren Luxus aufrechtzuerhalten war dann schon etwas schwieriger. Als Studentin und später in meinen ersten Jobs war der Drang nach Luxus noch nicht so groß. Die meisten meiner Freunde studierten noch oder hatten Gelegenheitsjobs. Wir wohnten alle in kleinen Wohnungen, aßen von Ikea-„Upplaga"-Tellern und hatten jede Menge Spaß, uns abwechselnd zu besuchen, weil das die günstigere Alternative zum Ausgehen war. Doch die Zeiten änderten sich und die Freunde wurden erfolgreiche Anwälte, Mediziner oder gründeten ihre eigenen Unternehmen. Aus H&M wurde Hugo Boss, aus Upplaga Villeroy & Boch, aus alten VW Golfs ein BMW oder gar der Porsche 911. Ich selbst nahm einen Job für ein Luxusprodukt an, und plötzlich waren weder meine Kleidung, noch mein Schmuck, noch mein Auto mehr passend. Das konnte so nicht bleiben. Und weil ich ein radikaler Mensch bin, fing ich bei Letzterem an (damals fuhr ich noch mit dem Auto zur Arbeit). Ich verkaufte den alten VW Golf, den mir meine Mutter großzügigerweise überlassen hatte, und leaste ein VW Beetle Cabrio. Mit automatischem Verdeck. Mit Ledersitzen. Mit Sitzheizung. Der Verkäufer rieb sich die Hände, während mir alles aus meinen entglitt. Ich hatte plötzlich eine ungewohnte monatliche Belastung, die mich – anstatt mich zu beflügeln – eher fast zum Nervenzusammenbruch brachte. Außer dem Auto konnte ich mir nichts mehr leisten. Keine Shoppingbummel. Kein Ausgehen. Schon gar keine Urlaube. Ich war gefangen in meinem eigenen Luxus. Die Gier nach Prestige fiel mir ordentlich auf den Kopf. Mich von diesem Objekt der Begierde zu trennen war unmöglich für mich. Ich liebte dieses Auto. Auch wenn man so gut wie nie Cabrio in Österreich fahren kann. Im Frühjahr war es zu regnerisch, im Sommer zu heiß und im Herbst zu windig. Egal, ich musste es haben. Und litt permanent unter der Tatsache, mir nichts mehr leisten zu können. Das ging so lange, bis das Auto schließlich ausfinanziert war und mir gehörte.

Kurz darauf wurde ich schwanger. Als wir versuchten, den gerade erworbenen Kinderwagen in dem winzigen Kofferraum zu verstauen, schwante mir Böses. Auch der Versuch, ihn auf den Rücksitz zu stopfen, schlug fehl. Mir rannen die Tränen über das Gesicht, als ich sagte: „Das Auto bleibt!" Nach ein paar Tagen des Hin- und Herschiebens des Themas war mir klar: das Auto muss weg und durch ein familienfreundlicheres ausgetauscht werden. Ich ließ meinen damaligen Mann recherchieren und auswählen. Er war für einen Skoda Roomster. Da es kein VW Beetle sein konnte, war mir egal, worauf die Wahl fiel. Gut konnte sie nie sein.

Kurz nach der Geburt – ich war noch im Krankenhaus – rief der Händler an, das Auto könne abgeholt werden. Ich sah vom Fenster des Spitals aus, wie mein Mann mit dem nigelnagelneuen Auto auf den Parkplatz einbog. Ich packte mein kleines Baby in einen winzigen rosa Skianzug und trug es aus dem Krankenhaus zu meinem neuen Auto. Es war dunkelblau. Mit Stoffsitzen. Unbeheizt. Und kaum Extras. Und von diesem Tag an tat es nicht mehr weh.

Ich fahre den Skoda Roomster übrigens immer noch. Ich fahre ihn mit Stolz, denn ich habe meine Borniertheit verloren, und ich weiß heute, dass Prestigeobjekte, wenn überhaupt, nur bedingt glücklich machen.

In Zeiten von Instagram und Co., wo man permanent vor Augen geführt bekommt, wo andere gerade urlauben, welche Abenteuer sie erleben, welche Designer eine neue Kollektion herausgebracht haben, welche Gesundheits-, Schönheits- und Wellness-Accessoires in Mode sind, ist man unentwegt verleitet, etwas haben zu wollen. Das schöne Chalet in den Alpen? Ja, ich will! Die Shakti-Matte zur optimalen Entspannung? Brauche ich unbedingt! Die neue Lipgloss-Serie von Bobbi Brown? Würde mich unendlich glücklich machen!

In dem Moment des Kaufes vielleicht ja. Wenn das Objekt meiner Begierde eintrifft, eventuell auch. Spätestens wenn die Kreditkartenabrechnung im Postkasten liegt, e-her nicht mehr. Und wenn die Matte mit Staubschicht im Abstellraum zu finden ist, schon gar nicht mehr.

Ich fürchte, die Erkenntnis liegt offen auf der Hand: Das Glück ist in all dem nicht zu finden.

Dies ist eines meiner Lieblingsmärchen von den Gebrüdern Grimm, das ich mir immer wieder in Erinnerung rufe, wenn mich die Gier nach „mehr" packt. Es geht so - in meinen eigenen Worten erzählt:

Es waren einmal ein Fischer und seine Frau. Sie wohnten in einer kleinen Hütte in der Nähe eines Sees. Der Fischer ging jeden Tag dorthin zum Angeln.

Eines Tages, als er am Ufer des Sees mit seiner Angel saß und in das klare Wasser sah, merkte er, wie die Angel tiefer hinuntergezogen wurde. Er holte sie ein und zog dabei einen großen Butt heraus. Er erschrak, als der Fisch plötzlich zu ihm sprach: „Fischer, ich bitte dich, lass mich am Leben. Ich bin ein verwunschener Prinz. Ich würde nicht mal gut schmecken. Bitte lass mich wieder frei!"

Der Fischer zögerte keine Sekunde und entließ den Fisch in die Freiheit. Er ging nach Hause und erzählte seiner Frau von dem seltsamen Erlebnis. Anfangs war die Frau bloß enttäuscht, dass er nichts gefangen hatte, dann aber wurde sie hellhörig und fragte, wieso er sich denn nichts von dem verwunschenen Prinzen gewünscht hätte. „Was hätte ich mir denn wünschen sollen?", entgegnete er. Die Frau befahl ihm, am nächsten Tag wieder zum See zu gehen, den Prinzen zu rufen und sich ein Haus zu wünschen. Der Fischer tat, wie ihm befohlen, auch wenn ihm nicht recht wohl bei der Sache war. Als er am Ufer des Sees, der an diesem Tag grün war, stand, rief er:

„Manntje, Manntje Timpe Te,
Buttje, Buttje in der See,
Meine Frau, die Ilsebill,
Will nicht so, wie ich gern will."

Der Fisch kam sofort angeschwommen und fragte: „Was will sie denn?" „Ein Haus", antwortete der Fischer. „Geh hin, sie hat es schon", sagte daraufhin der Fisch. Als der Mann nach Hause kam, fand er seine Frau in einem wunderbaren Haus vor. Sie zeigte ihm die herrliche Stube, das Schlafzimmer, die Küche und die Speisekammer, die bis oben hin gefüllt war. Der Mann strahlte und sagte zu seiner Frau: „Nun wollen wir zufrieden leben!" Sie antwortete: „Das wollen wir überdenken."

Schon nach wenigen Tagen war ihr das Haus nicht mehr gut genug und sie schickte ihren Mann erneut an den See. Unwillig und mit schwerem Herzen ging er und rief den Fisch wie am Tag davor. Aus dem mittlerweile violett und dunkelblau gefärbten See tauchte der Butt auf und lauschte dem Wunsch. „Geh hin, sie hat es schon", sagte er leise. Schon von Weitem sah der Mann das prächtige Schloss. Er fand seine Frau unter einem kristallenen Kronleuchter, umgeben von goldenen Möbeln und unzähligen Angestellten. Er sagte zu ihr: „Nun wollen wir zufrieden leben." Sie antwortete: „Das wollen wir überdenken."

Bereits am nächsten Morgen hatte sie den nächsten Auftrag für ihren Mann: Sie wollte Königin werden. Und als sie das war, wollte sie Kaiserin sein. Und selbst dies erfüllte sie nicht, sodass sie zum Papst gekrönt werden wollte.

Doch auch eine prunkvolle Kirche, wie nur der Papst sie kennt, machte die Frau nicht glücklich. Ihre Gier ließ sie die ganze Nacht wach liegen. Sie warf sich von einer Seite auf die andere und überlegte fieberhaft, was sie noch werden könnte. Als sie die Sonne aufgehen sah, hatte sie eine Eingebung. Sie wollte auch Sonne und Mond aufgehen lassen können. Sie weckte harsch ihren Mann: „Steh auf. Geh zum Fisch und sag ihm, ich will der liebe Gott werden."

Der Mann hätte weinen können. Mit letzter Kraft schleppte er sich widerstrebend zum See. Ein Sturm tobte, es blitzte, die Bäume wurden umgeweht, der Boden bebte, als der Mann an den pechschwarzen See mit ekeligen Blasen an der Oberfläche trat. Er brüllte den Wunsch in den tiefschwarzen Himmel, ohne sein eigenes Wort zu verstehen. Der Fisch tauchte auf und schrie zurück: „Geh nur hin, sie ist es schon."

Als der Mann zurückkam, fand er seine Frau vor der alten Hütte vor.

Ich kann nicht umhin, mit einem Zitat von Osho zu schließen:

„Mit leeren Händen kommst du, mit leeren Händen gehst du. Und zwischen nichts und nichts bist du verrückt genug zu glauben, etwas zu besitzen."

Gedankenanstoß Nr. 23

Am Ende darfst du nicht straucheln.

„Nicht das Beginnen wird belohnt, sondern einzig und allein das Durchhalten." (Katharina von Siena)

Die skurrilste Reise meines Lebens brachte eine ungeahnte Erkenntnis hervor.

Das kam so: Eines Tages erhielt ich einen Anruf, dass mein Onkel in ein Krankenhaus in Spanien gebracht werden musste. Ohne nähere Informationen rief ich meine Mutter, die Schwester meines Onkels, an. Sie war außer sich und gab mich weiter an meinen Vater. Er kontaktierte das Krankenhaus und fand heraus, dass mein Onkel auf Urlaub in Spanien an einer Landstraße anhalten und einen Krankenwagen rufen musste. Er wurde eingeliefert und man stellte einen Riss in der Aorta, der Hauptschlagader, fest. Er war operiert worden, schwebte aber in Lebensgefahr. Man würde uns auf dem Laufenden halten.

Kurze Zeit später kontaktierte uns ein Arzt. Mein Onkel war verstorben.

Für Trauern blieb wenig Zeit, das Krankenhaus forderte die persönliche Anwesenheit eines Verwandten, um die Leiche zu identifizieren und alle weiteren Schritte in die Wege zu leiten. Da meine Mutter aufgelöst war und mein Vater wütend verkündete, er würde sicher nicht nach Spanien reisen, bot ich an, die Aufgabe zu übernehmen. Meine Schwester sagte: „Du bist schwanger, ich lasse dich sicherlich nicht alleine fahren." Daraufhin willigten unsere Eltern ein, ebenfalls mitzukommen. So begaben wir uns am nächsten Tag zu viert auf die Reise.

Wir flogen nach Madrid und fuhren von dort mit dem Zug und dem Taxi zu dem Krankenhaus Hospital General in Ciudad Real. Geschätzte drei Stunden. Eine Ewigkeit.

Die Ärzte vor Ort sprachen weder Deutsch noch Englisch. Unsere einzige Chance war eine portugiesische Freundin in Wien, die Spanisch konnte und am Telefon übersetzte. Wir reichten das Handy dem Arzt, der sagte drei Sätze, dann gab er uns das Telefon zurück und wir hörten die Übersetzung. So ging das geschätzte zwölfmal.

Während meine Mutter und meine Schwester die Leiche identifizierten und den Papierkram erledigten, fuhren mein Vater und ich zu dem Auto meines Onkels, das nach wie vor an irgendeinem Feldweg parkte. Die Adresse hatte uns das Krankenhaus mitgeteilt. Ein Taxifahrer ließ uns in the middle of nowhere aussteigen. Da stand der kleine grüne Peugeot, am Ende eines Feldweges. Mein Vater startete das Auto und erlitt sogleich einen Tobsuchtsanfall. Die Tankanzeige leuchtete rot auf. „Das ist ja wieder typisch dein Onkel", sagte mein Vater. Ohne Klimaanlage und so energiesparend wie möglich fuhren wir die Straße zurück, die wir gekommen waren, und hofften darauf, dass bald eine Tankstelle auftauchen würde. Mit dem allerletzten Tropfen erreichten wir sie.

Am nächsten Morgen fuhren wir abermals in das Krankenhaus, holten die Dokumente ab und vereinbarten die Überstellung der Leiche nach Portugal, wo mein Onkel gelebt hatte. Dort würde sie kremiert werden. Wir dachten, dies käme seiner Vorstellung am nächsten.

Etwas unsicher, was nun weiter zu geschehen hätte, beschlossen wir, das Auto nach Portugal zu überführen. Wir fuhren über 600 Kilometer durch kargste Landschaft. Zuerst lenkte meine Schwester das Auto, dann ich, die letzte Strecke übernahm mein Vater. Er fuhr so schnell, dass mir auf dem Rücksitz angst und bang wurde. „Wieso fährst du eigentlich so schnell?", fragte meine Schwester nach einiger Zeit. Da gab mein Vater zu, dass er den Tachometer nirgends sehen konnte.

Wir kamen nach vielen langen Stunden endlich in Ferragudo, einem ursprünglichen Fischerdorf an der Mündung des Rio Arade, an, wo das Haus meines Onkels stand. Mit seinen Schlüsseln sperrten wir auf. Es war nicht unaufgeräumt, aber alles in dem Haus war extrem verschmutzt.

Wir sahen uns um, ob irgendwo irgendwelche Ordner oder Ähnliches zu finden waren, die Aufschluss über seinen Letzten Willen gaben. Wir starteten seinen Computer und fanden auf dem Desktop ein Word-Dokument mit dem Titel „My Heritage", doch das File war leer. Wir durchsuchten sein Telefonbuch und stießen auf die Nummer von Marlene, einer Freundin meines Onkels, die uns vom Namen her bekannt war. Wir riefen sie an und verabredeten uns mit ihr in einem Restaurant am Hauptplatz des kleinen Dorfes. Marlene war sehr betroffen vom Tod meines Onkels und versprach sofort, bei allen notwendigen Schritten zu helfen.

Wir waren über die Maßen erschöpft von der langen Autofahrt und den Geschehnissen der letzten Tage und beschlossen, uns etwas zum Übernachten zu suchen. Marlene empfahl einen Apartment-Komplex in der Nähe, sehr schön am Hang gelegen, mit Blick auf das Meer.

Meine Schwester und ich bezogen das Zimmer im Obergeschoss, unsere Eltern schliefen im Erdgeschoss. Wir konnten sie von oben reden hören. Meine Mutter war am Rande ihrer Kräfte, mein Vater außer sich, dass in dem Leben meines Onkels alles so ungeordnet war. Er nannte es verantwortungslos. Meine Schwester und ich begannen ebenfalls, über die Reise zu reden. Ich musste zugeben, im ersten Drittel der Schwangerschaft war dieser Trip auch für mich nicht ganz ohne. „Ich bin auch schon ziemlich durch", sagte ich zu ihr. Daraufhin sagte sie, wir hätten uns super geschlagen und es fast geschafft. Und dann folgte der legendäre Satz: „Am Ende darf man nicht straucheln."

Wir trafen uns am nächsten Tag nochmals mit Marlene, um die weiteren Schritte für die Organisation der Bestattung und der Regelung des Erbes zu besprechen, da sie vor Ort sehr viel mehr ausrichten konnte als wir von Wien aus. Und wir vertrauten ihr blind. Was wir nicht wussten, war, dass sie mehr wusste als wir, nämlich dass mein Onkel noch einen Sohn hatte, der natürlich auch der rechtmäßige Erbe war. Davon erfuhren wir erst einige Wochen später. Für uns ging diese Reise nach diesem Tag zu Ende.

„Am Ende darfst du nicht straucheln!" Das ist mir von dieser skurrilen Reise geblieben. Ich liebe diesen Satz! Ich sage ihn mir sehr oft selbst vor. Kurz vor einem Event, wenn die letzten Details zu organisieren sind und die Angst wächst, ob auch alles gelingen wird. In den letzten Wochen meiner Schwangerschaft, als mir nur noch alles wehtat und ich kaum mehr als zwei oder drei Stunden pro Nacht schlafen konnte. Immer wenn ich vor dem Haus meiner Eltern dem Krankenwagen nachblickte, der einen von ihnen mitnehmen musste.

Ich erinnere mich an die Zeit, als die Großmutter meines Ex-Mannes das Ende ihres Lebens erreicht hatte. Als der Arzt zu ihr kam und sie fragte, wie es ihr gehe, sagte sie: „Vielen Dank, es geht mir gut." Wenige Stunden später war sie tot. Ich konnte sie nicht mehr fragen, aber ich bin sicher, sie hat sich selbst gesagt, dass man am Ende nicht straucheln darf.

Ich selbst möchte mir dies, wenn meine Tage langsam zu Ende gehen, wenn wahrscheinlich nicht mehr viel möglich ist, wenn mir die Kräfte schwinden ebenfalls sagen: Jetzt darfst du nicht straucheln. Dazu höre ich den Soundtrack von „A Star Is Born":

„I want you to look right in my eyes
To tell me you love me, to be by my side
I want you at the end of my life
I wanna see your face, when I fall with grace
At the moment I die
Is that alright?"

Gedankenanstoß Nr. 24

Du bist die Frau/der Mann deines Lebens.

„Be nice to yourself. It´s hard to be happy when someone is mean to you all the time."

(Christine Crylo)

Kürzlich war im „Standard" die Montagsfrage „Wären Sie mit sich selbst befreundet?" Die Kommentare der Leser versetzten mich in einen Schockzustand. Mit Inbrunst und Überzeugung sagten die meisten: Nein. Never. No way. Manche schrieben, befreundet könnten sie sich schon vorstellen, aber von einer Beziehung mit sich selbst würden sie in jedem Fall Abstand nehmen.

Ich habe mir daraufhin selbst die Frage gestellt: Wäre ich gerne mit mir befreundet? Meine Antwort war Ja. Warum? Weil ich loyal bin. Weil ich ein großes Herz habe. Weil ich gut zuhören kann. Weil ich verlässlich bin. Weil ich nicht langweilig bin.

Was würde mich nerven an mir als Freundin? Meine Gefühlsausschläge. Meine Dramatik. Meine sehr hohen Ansprüche an Freundschaft.

Und wäre ich meine Partnerin? Meine Rastlosigkeit würde mich ab und an zur Verzweiflung bringen. Meine sehr hohen Ansprüche an andere und mich selbst oftmals in die Ecke drängen. Meine Handy-Sucht würde mich zum Ausrasten bringen. Dass ich immer alles bis ins letzte Detail wissen will, würde mich bestimmt nerven. Dass ich sehr extrem sein kann, würde mich manchmal belasten.

Was würde ich lieben an mir? Meine Ehrlichkeit, mein Vermögen, tiefe Liebe zu empfinden, meine Authentizität, meinen Antrieb, immer wieder etwas Neues zu beginnen, meine Reiselust, meine Liebe zu meinen Kindern, mein Verantwortungsbewusstsein, mein Quäntchen Verrücktheit.

Ich fragte mich nach dieser Selbst-Inquisition, wie die Leute durchs Leben gehen, die sich selbst weder als Freunde noch als Partner an ihrer Seite haben möchten. Wir verbringen doch sehr viel Zeit mit uns selbst – den Anfang, das Ende und jeden Tag dazwischen. Woran halten sie sich fest? Wir sind doch der einzige Fixpunkt in unserem Leben, der Mensch, der immer da sein wird, egal was passiert. Von wem erwarten sie Unterstützung? Wir selbst sind doch der wichtigste Verbündete in unserem Leben.

Zweifelsohne sind wir der Mann oder die Frau der Stunde, unseres Lebens, unserer eigenen Geschichte. Die Hauptfigur. Der Star. Lohnt es da nicht, mit sich auf gutem Fuß zu stehen? Sich zu mögen? Sich gut um sich zu kümmern? Auf sich aufzupassen? Sich ein schönes Leben mit sich selbst zu machen?

So einleuchtend es klingt, so schwierig scheint es zu sein. Ich selbst habe auch so manche Kämpfe mit mir selbst ausgetragen. Gegen mich gearbeitet. Raubbau betrieben. Nicht auf meinen inneren Wegweiser gehört. Mich nicht ausreichend geschützt oder in Schutz genommen. Hätte man mir als Teenager oder junger Erwachsener die Montagsfrage gestellt, hätte ich wahrscheinlich auch mit einem überzeugten Nein geantwortet.

Es hat einige Jahre, einige schmerzliche Momente und andere Personen dafür gebraucht, meinen Blick auf mich zu verändern.

Eine Situation wird mir ewig in Erinnerung bleiben: Ich war 29 Jahre alt und fand mich alles andere als perfekt. Eher so im Mittelmaß. Da lernte ich eine junge Französin kennen, jünger als ich, sehr hübsch, tolle Figur, witzig, frech, wortgewandt. Per Zufall verbrachten wir ein paar

Tage zusammen, eigentlich eher ungewollt, und erzählten uns viel über uns, unser Leben, unsere Träume. Es war Hochsommer und sehr heiß. Wir gingen am Strand spazieren und plötzlich sagte sie – aus dem Nichts heraus – zu mir: „You are just perfect!"

Ich war sehr überrascht. Aber es fühlte sich so ehrlich, so wenig durchdacht, so spontan empfunden an, dass ich ihr Glauben schenkte.

Und das Witzige an der Geschichte, es ging nicht darum, perfekt zu sein, sondern darum, dass ein anderer Mensch ausdrückte, ich müsste unendlich zufrieden und im Reinen mit mir sein und sein können. Plötzlich sah ich mich mit ihren Augen.

Natürlich gibt es auch heute noch Tage, an denen ich wenig zufrieden mit mir bin. An denen ich mich selbst kritisiere. Aber im Großen und Ganzen habe ich gelernt, mich zu akzeptieren, so wie ich bin, wie ich aussehe, was ich kann, was ich denke, was ich fühle. Alles davon ist okay. Ich habe aufgehört, mir viel vorzuwerfen. Denn ich weiß, ich gebe mein Bestes. Ich habe angefangen, mich zu loben, mir die Dinge vor Augen zu führen, die ich gut mache, die ich geschafft habe, die mich ausmachen.

Ich habe natürlich auch meine Prioritäten verändert. Ich muss heute keine Modelmaße haben. Muss heute keine Doktorarbeit mehr schreiben. Ich bin manchmal froh, wenn ich nicht total übermüdet aussehe, und ich freue mich, wenn ich in die Klamotten reinpasse, die ich vor zehn Jahren gekauft habe. Ja, mein Anspruch an mich ist gesunken. Oder sagen wir, realistischer geworden. Ich kann bei einigen Themen mehr loslassen. Ich empfinde mehr Gelassenheit. Ich empfinde mehr Dankbarkeit. Ich habe Nachsichtigkeit mit mir gelernt.

Manchmal bin ich mir auch heute noch böse. Ich weiß aber, dass ich mir selbst nicht entkomme, daher versuche ich rasch, einen Konsens mit mir zu finden. Mir zu vergeben, wenn notwendig. Barmherzig zu sein mit meinen Untiefen. Den Mantel der Nachsicht, der lässigen Akzeptanz über meine Fehler zu legen. Meist hilft das. Um mir dann selbst zu versprechen, mich mehr anzustrengen. Das Ende der Fahnenstange ist noch lange nicht erreicht. Ich werde wahrscheinlich ewig an mir selbst arbeiten. Aber vielleicht ist das auch okay so.

Vor anderen spreche ich nur noch gut von mir. Ehrlich, aber niemals negativ. Ich mache mich niemandem gegenüber runter. Ich halte vor anderen immer zu mir. Diese Übung fällt mir mittlerweile leicht. Schwerer ist es, die eigenen Gedanken über sich selbst im Zaum zu halten. Zu kontrollieren. Ihnen die Richtung wertschätzend, gütig, positiv zu geben. Stufe drei ist, die eigenen Gefühle zuzulassen, nicht zu zensieren, behutsam mit ihnen umzugehen. Ein lieber Freund hat einmal zu mir gesagt: „Dein Problem ist, du fühlst zu viel!" Ja, kann sein. Ja, das macht es mir oft nicht so leicht. Ja, ich mag es aber nicht anders. Da lerne ich lieber, damit zurechtzukommen. Jedes Jahr hilft ein bisschen.

Ich werde nie vergessen, was eine Amerikanerin vor vielen Jahren zu mir sagte: „Das Geheimnis, sich selbst zu mögen, ist a., sich mit niemandem zu vergleichen, b., sich auf das Gute bei sich selbst zu fokussieren, und c., sich jeden Tag zu fragen, wie man sich heute fühlen möchte. Die Gründe dafür sind einfach: Was bringt es mir zu wissen, dass meine Nachbarin die schöneren Beine hat? Im Shop würde ich auch nicht das Outfit wählen, das meine Kurven zu sehr betont. Und wenn ich jemanden frage, wie er sich an diesem Tag fühlen will, wird er niemals `furchtbar´ sagen."

Ich hatte einmal einen Kollegen, der stets vor Energie und guter Laune sprühte. Eines Tages, nachdem ich ihm ein Geheimnis verraten hatte, erzählte er mir seines: Er sieht jeden Tag in der Früh in den Spiegel und sagt zu sich selbst: Ich sehe großartig aus. Ich bin talentiert. Ich bin intelligent. Ich bin ein Glückskind. Und dann geht er hinaus in den Tag. Aufgeladen mit Optimismus.

Auf Lars Amends Instagram-Seite habe ich vor einiger Zeit etwas sehr Ähnliches gelesen. Ein Mann bedankte sich aus vollem Herzen bei dem Autor dafür, dass er sein Mindset mit anderen geteilt hatte. Er erzählte, er würde es seinem dreijährigen Sohn regelmäßig vorsagen: „Du bist klug, du bist stark, du wirst geliebt, du bist in Sicherheit und du kannst alles erreichen, was du erreichen möchtest." Kürzlich wurde er Zeuge, wie sein Sohn zu seiner einjährigen Schwester sagte: „Tilda, du bist klug, du bist stark, du wirst geliebt, du bist in Sicherheit und du kannst alles erreichen, was du erreichen willst, mein Schatz!" So schnell kann man sich offensichtlich ein Mantra einprägen. So schön, wenn man es auch gerne weitergibt!

Es gibt wahrscheinlich viele Wege zu lernen, mit sich selbst gut klarzukommen. Dass es lohnt, wissen die meisten wahrscheinlich intuitiv.

Oscar Wilde hat den schönen Satz geschrieben:

„Sich selbst zu lieben ist der Beginn einer lebenslangen Romanze."

Die Autorin Byron Katie war da etwas forscher:

„Es ist nicht deine Aufgabe, mich zu mögen – es ist meine."

Gedankenanstoß Nr. 25

Die Macht der Meditation

„Du kannst die Wellen nicht stoppen, aber du kannst lernen zu surfen." (Jon Kabat-Zinn)

Es gab eine Zeit in meinem Leben, in der ich sehr unglücklich war. Die Tage vergingen wie im Flug und änderten nichts an meiner Situation. Als eine liebe Freundin von einem Achtsamkeitskurs erzählte, den sie besuchen wollte, war ich in derselben Sekunde Feuer und Flamme. Vielleicht war das die Lösung für all meine Probleme? Vielleicht konnte diese Methode mir helfen, die Zeit anzuhalten? Vielleicht konnte ich damit mein Glück wieder herzaubern?

Ich meldete mich an und hielt dem Aufnahmegespräch stand. Ja, ich würde mir zwölf Wochen dafür Zeit nehmen. Ja, ich würde jeden Tag eine Stunde lang meditieren. Ja, ich war darauf vorbereitet, dass dieser Kurs mein Leben verändern könnte. Nein, ich hoffte das inständig. Oh Gott, ich betete dafür.

Der Kurs fand einmal in der Woche statt, drei Stunden lang, manchmal wurden es auch vier. MBSR hieß die Methode: Mindfullness Based Stress Reduction. Wir waren nur sieben Teilnehmer, die aus unterschiedlichen Gründen auf den grünen Yogamatten Platz nahmen. Die Gründe der anderen habe ich nie erfahren, ich war zu sehr mit mir selbst beschäftigt. Immer montags trafen wir uns in der ruhigen Altbauwohnung mit den Durchgangszimmern und dem stoisch wirkenden Trainer, der immer absolut präsent und zufrieden wirkte. Wirklich immer.

Wir meditierten im Sitzen, im Gehen, im Stehen und im Liegen. Wir beobachteten unseren Atem, unseren Geist, unseren Körper. Wir nahmen die Stille wahr und jedes Geräusch außerhalb dieser. Wir schliefen ein oder beobachteten unsere rasenden Gedanken. Wir fanden es peinlich, erfrischend, nervend und beruhigend. Wir kämpften und verloren. Wir kämpften und gewannen.

Es gibt viele Möglichkeiten, Achtsamkeit zu praktizieren, Stille zu finden, den Geist zur Ruhe zu bringen. Der Anfang war sehr hart. Ich konnte nicht eine Sekunde lang sein, ohne an etwas zu denken. Und wenn doch, dann schlief ich auf der Stelle vor Erschöpfung ein. Mein Geist war wie ein kleiner Affe, ständig hüpfte er von einer Seite auf die andere, von einem Bein auf das andere und zeigte mir eine lange Nase. Ich kämpfte mit der Aufmerksamkeit, ich kämpfte mit der Ablenkung, ich kämpfte mit der Unruhe in mir.

Wir bekamen jede Woche von unserem MBSR-Trainer Hausaufgaben, die wir zu erledigen hatten. Und natürlich stand jeden Tag eine Stunde Meditieren auf dem Programm. Ich begann, um fünf Uhr morgens aufzustehen, da dies die einzige Tageszeit war, wo ich eine Stunde am Stück Ruhe finden konnte. Ich hatte mir ein Sitzkissen besorgt, das im Wohnzimmer am Boden lag. Dort saß ich dann Morgen für Morgen. Ich mit meinem unruhigen Geist. Ich mit meinem Affen im Kopf. Ich mit meinen Hummeln im Hintern.

Ich kann mich gut erinnern, wie eines Tages meine kleine Tochter ungewöhnlich früh aufwachte und mich, im Wohnzimmer auf dem Sitzkissen sitzend, in meine Decke eingehüllt, in der Dunkelheit fand. Ohne ein Wort zu sagen, schlüpfte sie unter die Decke, setzte sich auf meinen Schoß und blieb dort völlig regungslos sitzen, bis die Meditation zu Ende war. Ihr warmer kleiner Körper und ihre Bewegungslosigkeit gaben mir irgendwie eine ungeahnte Ruhe. Wieso war ich bloß kein Kind mehr?

Nach einigen Wochen begann mein Geist, endlich ruhiger zu werden, er rebellierte nicht mehr so gegen die

Stille. Ich konnte zumindest den geführten Meditationen gut folgen. Ich begann zu lernen: Ich – hier – jetzt.

Der ruhigere Geist, die größere Achtsamkeit, das Mehr im Hier und Jetzt änderten jedoch nichts an meinen Lebensumständen, an meinem Unglück. Ich suchte eine neue Möglichkeit, etwas zu verändern. Letzter Ausweg: Flucht. Ich buchte für meine Tochter und mich einen Flug nach New York. Vor dort aus wollte ich nach Connecticut zu der Tante meines Mannes reisen. Sie besaß eine Pferderanch in the middle of nowhere, und wir hatten uns noch nie im Leben gesehen. Dort lebte auch die Urgroßmutter meiner Tochter, und ich brachte das einzig existierende Urenkelkind zu ihr. Das war zumindest die offizielle Rechtfertigung für diese Reise.

Ich werde nie diese Stille auf dieser Ranch vergessen und den Blick auf die Koppel hinauf, wenn die Morgenröte darüberzog. Es war noch tiefster Winter und alle Bäume kahl. Dieser friedvolle Ort und die Nähe von so liebevollen Menschen, die uns mit so viel Freude bei sich aufnahmen, trug mein Leid für ein paar Tage davon. All dies umgab mich mit einer unsagbaren Schutzhülle. Ich war wieder glücklich. Ich mit meiner Tochter, meilenweit von zu Hause entfernt. Ich trage diese Bilder und dieses Gefühl noch heute in meinem Herzen.

Wir kehrten wieder nach Wien zurück, und das Leben hatte mich wieder. Mein Leben. Und ich meditierte. Und ich besuchte montagabends den Kurs für die letzten Wochen, die noch übrig waren.

Es war evident, dass ich mein Problem nicht in mir oder mit mir würde lösen können. Und die Prognose des Trainers bewahrheitete sich: Es gibt Menschen, die in dem Kurs erkennen, dass sie auch im Außen etwas ändern müssen.

So hatte der MBSR-Kurs gleich zweifach etwas Gutes. Die Präsentation der Wahrheit und das begonnene Lernen, mehr im Hier und Jetzt zu sein. Im Moment zu verweilen. Meine Gedanken und Empfindungen nicht zu bewerten, sondern anzunehmen, wie sie sind. Ich entwickelte eine größere innere Ruhe und begann, mich selbst mehr zu akzeptieren, mehr in Kontakt mit mir zu sein, mehr zu fühlen, wie es mir wirklich ging. Der kleine Affe in meinem Kopf nickte mir dabei wohlwollend zu.

Und ich entwickelte eine Fähigkeit, die ich auch heute noch habe und unendlich zu schätzen weiß: Ich kann zwischen einem Ereignis, einem Satz, einer Nachricht oder dergleichen und meiner Reaktion den Pausenknopf drücken. Ich kann meine Reaktion ein kleines Stückchen hinauszögern und in diesem klitzekleinen Zeitraum darüber nachdenken, wie sie ausfallen soll. Ich kann die Zeit ganz kurz stoppen und mir so Zeit verschaffen. Für eine bessere Reaktion. Für eine überlegtere Reaktion. Ich kann ein bisschen besser meine spontanen Emotionen regulieren. Unfassbar praktisch. Eigentlich unbezahlbar. Das sollte ich unserem Trainer irgendwann mal schreiben.

Meditation ist leider nur dann wirksam, wenn man sie regelmäßig praktiziert. Dranbleiben ist also die Devise. Bei mir ist leider das unruhige Äffchen zurückgekehrt, und es wird wieder Wochen dauern, es zu beruhigen. Ich habe es fix vor. Nicht umsonst nennen so viele erfolgreiche Menschen Meditation als den Schlüssel zu ihrem Erfolg.

Jon Kabat-Zinn, der Begründer der modernen Achtsamkeitsbewegung, sagte es so:

„Bei der Meditation geht es nicht um den Versuch, irgendwo hinzugelangen. Es geht darum, dass wir uns selbst erlauben, genau dort zu sein, wo wir sind, und genau so zu sein, wie wir sind, und desgleichen der Welt zu erlauben, genau so zu sein, wie sie in dem Augenblick ist."

Ich – hier – jetzt.

Gedankenanstoß Nr. 26

Das Ende der Welt

„Death may be the greatest of all human blessings." (Socrates)

Per Zufall wurde bei meinem Vater ein Schatten auf der Lunge entdeckt. Es folgten weitere Untersuchungen. Den Abschluss machte eine Computertomografie. Er wurde zu einem Gespräch über die Untersuchungsergebnisse ins Krankenhaus gebeten. Ich begleitete ihn.

Wir saßen in dem Warteraum – kahl, unfreundlich, überfüllt – und unterhielten uns über alles Mögliche. Die Kinder. Meine Mutter. Den Job. Den Mann. Den Urlaub. Das Wetter. Nur nicht über das, was vor uns lag. Ich hatte das Gefühl, er wollte sich gerne ablenken, und mir half es, meine Nervosität im Zaum zu halten.

Endlich, nach ungefähr einer Stunde Wartezeit, wurden wir aufgerufen und betraten den winzigen Besprechungsraum. Wir nahmen auf der anderen Seite des

Schreibtisches, der Ärztin gegenüber Platz. Eine nüchterne Person, gefühlsarm und auf die Fakten konzentriert. Wahrscheinlich das Ergebnis jahrelanger Überbringung von schlechten Nachrichten.

Sie klickte auf ihrem Computer herum, öffnete Dokumente, blätterte in Akten. Dann sah sie meinem Vater ins Gesicht. Sie sagte das, wovor wir uns am meisten gefürchtet hatten: Es wurde ein Tumor am Lungenflügel entdeckt. Vermutlich bösartig. Das Tumorboard hatte getagt und würde eine Operation zur Entfernung des Tumors vorschlagen. Minimalinvasif. So rasch wie möglich.

Ich fragte nach. Größe, Lage, was bedeutete minimalinvasif, wie würden die Chancen aussehen?

Die Ärztin gab Auskunft: Noch relativ klein. Am Rande des Lungenflügels, was günstig wäre. Minimalinvasif: mit drei Stichen in den Brustkorb würde operiert werden.

Das klang wenigstens vielversprechend. Und danach?

Chemotherapie eher unwahrscheinlich. Man müsse dann weitersehen.

Das war das Ende der Audienz. Wir wurden mit vielen Befunden entlassen.

Mein Vater lud mich ins Grünspan, ein gemütliches Bierlokal, zum Mittagessen ein.

„Wie fühlst du dich?", fragte ich ihn. Er sah mir in die Augen und lächelte. „Ich habe damit gerechnet", sagte er. Und dann nahm er meine Hand in seine und beantwortete die Frage, die ich nie gestellt habe. „Ach, Schatz, ich habe doch schon so viel erlebt!"

Mein Vater ist nie davon ausgegangen, so alt zu werden. Als meine erste Tochter drei Jahre alt war, sagte er, er würde den Tag nicht erleben, an dem sie in die Volksschule kommen würde. Als sie sieben Jahre alt war, meinte er, er würde nicht erleben, wie sie ins Gymnasium kommen wird. Mittlerweile haben wir eine Wette laufen, dass er erleben wird, wie meine zweite Tochter in die Volksschule kommen wird. Sie ist jetzt drei Jahre alt und er bald 88.

Seine Antwort gab mir das gute Gefühl, dass er mit seinem Leben zufrieden war. Er hatte alles erlebt, was er sich gewünscht hatte. Zwei Frauen, drei Töchter, drei Enkelinnen. Er war beruflich sehr erfolgreich gewesen und hatte immer Spaß gehabt bei dem, was er tat. Er konnte großartige Reisen machen, er war bei der Queen of England zu einem Event eingeladen gewesen und hatte Prinzessin Diana und Prince Charles die Hand geschüttelt. Er hatte richtig gute Freunde und schrieb seine Memoiren und einige Kurzgeschichten. Er hatte das Haus seiner

Träume und das Segelboot, das er immer haben wollte. Er war ein glücklicher Mann.

Er nahm das, was vor ihm lag, ebenso tapfer wie den Tod seines Bruders im Zweiten Weltkrieg, die Nachkriegsjahre, das Scheitern seiner ersten Ehe oder die Abwesenheit seines eigenen Vaters. Wie immer schlug sein positives Naturell durch.

Er unterzog sich der Operation und der nachfolgenden Immuntherapie. Und hält den Krebs in Schach. Ich sehe, dass ich unsere Wette noch gewinne.

Kürzlich traf ich einen Freund aus früheren Zeiten. Er fragte mich, wie es mir geht. Ich sagte, gut, aber ich würde recht unter dem Alter und der Kränklichkeit meiner Eltern leiden. Da erzählte er mir von der Sicht seiner Frau auf den Tod. Sie sah darin „die wahrscheinlich spannendste Erfahrung ihres Lebens, denn man würde gar nicht wissen, was auf einen zukommt."

So hatte ich den Tod noch nie gesehen. Das Pendant zur Geburt, wo man ebenso nicht erahnen konnte, was auf einen zukommen würde. Eine weitere spannende Erfahrung. Die wahrscheinlich spannendste. Ja, wer weiß schon, was man nach dem Tod alles erleben und erfahren wird?

Mir fiel das Buch von Dr. Raymond A. Moody ein, das ich vor vielen Jahren gelesen habe. Moody interviewte Menschen mit Nahtod-Erfahrungen, also Patienten, die bereits als klinisch tot bezeichnet wurden und dann doch wieder ins Leben zurückkehrten. Sie haben sehr ähnliche Beschreibungen von dem, was nach dem eigentlichen Tod passierte, abgegeben. Und nach dem – mehr oder weniger einfachen – Übertritt in diese andere Welt durchwegs positiv vom „Leben danach" gesprochen. Das, was sie erfahren haben, bezeichneten sie als grenzenlose Liebe und ein überwältigendes Licht.

Bei dem Begräbnis meines Schwiegervaters habe ich aus der Rede des Pfarrers etwas Wesentliches mitgenommen. Das Warum, das Wohin, die Frage nach dem Sinn des vergangenen Lebens – all diese Fragen können wir in diesem Leben nicht klären. Es ist uns nicht bestimmt, all dies erfassen zu können. Wir müssen die offenen Fragen an das Jenseits abgeben, verschieben auf den Zeitpunkt nach dem Tod. Es ist sinnfrei, sich mit diesen Fragen zu quälen, wir werden nie eine befriedigende Antwort erhalten.

Diese Erkenntnis warf mich zurück auf die Frage nach dem Leben. Wie muss man leben im Angesicht des Todes?

„Jeder weiß, dass er sterben muss, aber niemand glaubt es", sagt Morrie zu seinem Schüler in Mitch Alboms Buch „Dienstags bei Morrie". Auf die Frage, wie man jemals darauf vorbereitet sein kann zu sterben, antwortet der todkranke Morrie:

„Tu das, was die Buddhisten tun. Stell dir vor, dass jeden Tag ein kleiner Vogel auf deiner Schulter sitzt, der dich fragt: Ist heute der Tag? Bin ich bereit? Tue ich alles, was ich tun sollte? Bin ich der Mensch, der ich sein möchte?"

Gedankenanstoß Nr. 27

Von kleinen und großen Katastrophen – was tun, wenn es einmal richtig wehtut?

„Ein großer Schmerz läutert, indem er die Seele zwingt, ihr Tiefstes zu sammeln."

(Ferdinand von Saar)

Als die Wahl des Gymnasiums zur Debatte stand, folgte ich dem Wunsch meiner Tochter, die in dieselbe Schule gehen wollte wie ihre Cousine (die sich als Tochter eines Engländers für den Vienna Bilingual-Zweig entschied) und in dieselbe Klasse wie ihre beste Freundin (die den wirtschaftskundlichen Zweig wählte). Ich meldete sie also für ebendieses Gymnasium an. In der Gewissheit, dass es klappen würde.

Im Laufe des Verfahrens dämmerte mir, dass ich womöglich einen Fehler gemacht hatte. Es sah nämlich mit Plätzen an dieser Schule für unseren Zweig gar nicht so gut aus. Ich knüpfte Kontakt mit dem Schuldirektor und bat ihn um seine Einschätzung. Er versprach, mir Genaueres zu sagen, sobald alle Anmeldungen abgeschlossen waren. In der Zwischenzeit absolvierte meine Nichte die Aufnahmeprüfung für den bilingualen Zweig, schaffte sie und erhielt somit einen der heiß begehrten Plätze.

Es kam der Tag, der kommen musste. Der Tag der Wahrheit. Der Direktor schrieb mir, es gäbe viel zu viele Anmeldungen für die vorhandenen Plätze, und da wir nicht im direkten Zirkel der Schule wohnen würden, hätten wir keine Chance auf einen Platz.

Ich hätte heulen können. Ich war wütend. Ich fand es so unfair und gemein. Auch wenn ich wusste, es war ein Verfahren, das einfach seinen Parametern folgte und nichts persönlich gegen uns hatte.

Für mich war es aber persönlich und es riss mir das Herz heraus, als ich ein kleines, bitterlich weinendes Mädchen auf dem Schoß hatte. Ich hätte sie so gerne eingehüllt in all meine Liebe und ihr den Schmerz genommen. Leider habe ich keine Zauberkräfte. Also versuchte ich, eine Mischung aus Zulassen und Mildern des Schmerzes. Vorerst waren wir beide gemeinsam traurig und wütend. Nach einiger Zeit begann ich, konstruktive Vorschläge zu machen: Wir betrachteten die guten Seiten an der anderen Schule, wir durchstöberten die Angebote an freiwilligen Übungen und fanden ein paar spannende Optionen. Wir führten uns auch vor Augen, dass wir gar nicht wussten, wie gut die Schule, die wir nie kennenlernen würden, denn in Wirklichkeit war.

Ich kochte Erdbeerknödel für sie und wir saßen lange vor dem Kamin und redeten. Über das Freunde-Finden. Über Wünsche, die nicht in Erfüllung gehen. Über das Freunde-Verlieren. Über Überraschungen, die etwas Gutes haben. Über Fügungen, die im Nachhinein großartig waren.

Enttäuschungen und Schmerz bleiben niemandem erspart. Sie bringen allerdings auch einen Lernprozess in Gang. Wir dürfen lernen, dass alles im Leben Vor- und Nachteile hat, dass dort, wo eine Türe zugeht, eine andere aufgeht, dass es manchmal im Nachhinein betrachtet gut ist, wenn etwas nicht geklappt hat, weil es dann zu etwas Besserem führen konnte. Auch dürfen wir lernen, dass manchmal das Leben nicht so möchte wie wir. Wir müssen beginnen, uns an neue Situationen anzupassen, manchmal gute Miene zum bösen Spiel zu machen. Manches Mal müssen wir den Schmerz einfach aushalten.

Ich werde nie den Satz vergessen, den mein Vater zu mir gesagt hat, als ich tränenüberströmt vor ihm stand, weil ich einen Korb bekommen hatte: „Ich liebe dich so sehr, dass es mir wehtut." Ich weiß heute genau, was er damit meinte. Wenn ich meine Tochter mit ihrer Enttäuschung und ihrer Trauer sehe, fühle ich genauso. Und ich weiß, das hier ist erst der Anfang. Der Anfang der Skala. Da wird noch mehr kommen. Erster Liebeskummer. Verpatzte Prüfungen. Falsch getroffene Entscheidungen. Beziehungen, die in die Brüche gehen. Jobs, die nichts werden. Freunde, die keine Freunde mehr sein wollen. Träume, die einfach so mal platzen.

Meine tränenüberströmte Tochter und ich redeten an diesem Abend darüber, wie man diesen oder ähnlichen Schmerz lindern kann. Ad hoc schlug ich meine Schulter zum Ausweinen vor. Weinen hilft, Spannungen im Körper abzubauen. Es verbraucht Energie und hinterlässt ein angenehmes Gefühl der Erschöpfung. Es reinigt manchmal die Seele, indem wir dadurch dem Gefühl freien Lauf lassen, bis es schließlich schwächer wird.

Als ich kürzlich völlig erschöpft vor einem jungen Therapeuten saß und ihm von dem Dilemma mit meinen alten, kranken Eltern erzählte, die nicht mehr genesen, aber auch nicht sterben können, liefen mir auch die Tränen heiß über meine Wangen und wurden vom Rollkragen meines Pullovers aufgesaugt. Mit seinen großen braunen Augen sah er mich mitfühlend an, und ich konnte meinen eigenen Schmerz in ihnen sehen. Er riet mir, meinen Gefühlen in einem geschützten Rahmen immer wieder freien Lauf zu lassen. Sie einfach sein zu lassen, sie hinzunehmen, ohne sie verändern zu wollen. Sie vielleicht auch mit den Menschen, die mir am nächsten sind, gemeinsam auszuleben.

Er riet mir auch – und ich an diesem Abend meiner Tochter – mich mit Menschen zu umgeben, die mir etwas bedeuten und vice versa. Menschen, die auch einfach nur zuhören können, ihre wohlwollende Empathie zeigen und mich, auch wenn sie keine passenden Ratschläge haben, in das Gefühl einhüllen, nicht alleine mit dem Schmerz zu sein.

Der reizende, empathische Therapeut fragte mich, bei welchen Tätigkeiten es mir besser gehe, was sich als hilfreich herausgestellt habe. Ich erzählte ihm davon, dass ich wieder öfter Klavier spielte, dass ich wieder begonnen hatte zu malen. Dass manchmal ein guter Film, eine Laufrunde oder ein Gin Tonic mit meinem Mann auch halfen.

Er nickte lächelnd. Ich fügte hinzu, dass der Gin Tonic wahrscheinlich nicht die richtige Lösung war, aber er zuckte nur verständnisvoll die Schultern. Ich konnte mir zusammenreimen, dass er mir damit sagen wollte, es ist okay, wenn es bei diesem einen an diesem einen Abend bleibt.

Der junge Mann mit den Baggy Pants, der eher wie ein Surflehrer als wie ein Therapeut aussah, stellte mir die Frage, ob ich irgendetwas Gutes in dieser Situation sehen könne. Ich dachte nach und dann erzählte ich ihm von meinen neuen Gedanken. Früher dachte ich immer, ich habe es sehr schwer, weil ich auf der einen Seiten kleine Kinder habe und auf der anderen Seite sehr alte Eltern. Beide mit Unmengen an Bedürfnissen, ich dazwischen. Heute sehe ich es so, dass ich noch relativ jung bin, während meine Eltern so alt sind, dass ich noch so viel Leben vor mir habe (hoffentlich) und dass ich noch kleine Kinder haben darf, die mich mehr als alles andere in das ungeplante, lebendige, unbeschwerte Leben zurückholen. Er nickte erneut lächelnd. Ich nehme an, Therapeuten lieben Perspektivenwechsel.

Bevor er die Sitzung beendete, bestärkte er mich darin, mir Auszeiten zu nehmen, in denen ich den Gefühlen freien Raum geben konnte, und mich immer wieder auf das Schöne zu fokussieren. Ich gab ihm innerlich recht, denn es ist ja meine Zeit, die ich mit Leid, Trauer, Energielosigkeit verbringe. Letztlich liegt es ja bei mir selbst, wie ich diese Gefühle zulasse und ab wann ich versuche, sie aktiv wieder loszulassen – oder zumindest für eine Zeit gut sein zu lassen.

Wir verabschiedeten uns und ich war froh, ihn aufgesucht zu haben. Ich würde es wieder tun, wenn ich das Gefühl hätte, nicht voranzukommen, in einem immer größer werdenden Loch zu sein. Hilfe zu suchen und annehmen zu können ist eben hilfreich.

Nun aber zurück zu meiner Tochter. Der Abend endete vor dem Kamin, wir beide mit unserer Wut, Enttäuschung und auch Traurigkeit, aber auch unserer Zusammengehörigkeit, unserer Ehrlichkeit, unserer Echtheit, unserer Suche nach Lösungen. Der nächste Morgen kam, und wie so oft half „einmal drüber schlafen" auch ein wenig. Ich war überrascht, wie schnell meine Tochter annehmen konnte, dass es anders gekommen war, als sie gehofft hatte. Sie fand sich eigentlich über Nacht mit der Situation ab. Sah die Vor- und Nachteile und passte sich an. Wesentlich rascher als ich, muss ich zugeben. Sie hat vermutlich das Zitat von Johann Wolfgang von Goethe verinnerlicht:

„Auch aus Steinen, die in den Weg gelegt werden, kann man etwas Schönes bauen."

Gedankenanstoß Nr. 28

Die Liebe – ein gewagter Versuch

„Gib dem, den du liebst, Flügel zum Fliegen, Wurzeln, um zurückzufinden und Gründe, um zu bleiben." (Dalai Lama)

Was kann ich über die Liebe sagen?

Eigentlich weiß ich nur drei wesentliche Dinge über die Liebe:

Erstens, ich glaube nicht, dass wir die Liebe bewusst steuern können. Ich bin davon überzeugt, sie passiert uns – aus vielen verschiedenen Gründen. Ich schließe mich der Autorin Béatrice Tanner an, die geschrieben hat:

„Jemanden zu lieben ist keine Entscheidung, die wir willentlich treffen. Nichts, wobei Vernunft oder Verstand mitreden könnten. Es ist die Seele, die wählt. Das Einzige, was wir bewusst entscheiden, ist ob und wie wir dem Ruf folgen. Die Liebe selbst ... ist da. So oder so ..."

Und ist sie einem passiert und hat man sich darauf eingelassen, wird es erst richtig spannend. Das Entstehen einer Beziehung ist ein Prozess. Jede Beziehung hat andere Eckpfeiler, weil zwei Individuen beteiligt sind und ihr eine Richtung geben. Weil sie ihre eigenen Glaubenssätze, Vorstellungen, Erfahrungen und Wünsche einbringen. Daher ist jede Liebe, jede Beziehung einzigartig und völlig verschieden von jeder anderen. Sich selbst und den anderen zu verstehen, das ist die Grundlage, das Fundament, das es zu erforschen und zu erfassen gilt.

Ich habe einmal dieses Zitat, leider von einem unbekannten Autor, gelesen:

„It's easy to take off all your clothes and have sex. People do it all the time. But opening up your soul to someone, letting them into your spirit, thoughts, fears, futures, hopes, dreams … Now that's being naked."

Zweitens habe ich in meinen eigenen Beziehungen, aber auch durch andere gelernt: Wenn die Basis nicht stimmt, wird die Liebe nicht halten. Ein ähnliches Weltbild, ähnliche Werte, ähnliche Vorstellungen, wohin die Reise gehen soll, sind unabdingbar, wenn eine Beziehung langfristig klappen soll. Gegensätze ziehen sich oftmals an, vor allem anfangs, sie verleihen Beziehungen eine spannende Würze. Reibungspunkte können sehr aufregend sein. Auf lange Sicht allerdings wird es schwierig, wenn das Mindset der Partner sehr unterschiedlich ist. Viele Diskussionen sind vorbestimmt, da man oftmals den anderen von seiner Sichtweise überzeugen will oder muss. Wenn die Lebenspläne der Partner divergieren, wenn der Blick nicht in dieselbe Richtung geht, wird ein gemeinsamer Weg vermutlich ein ständiges Tauziehen von einem zum anderen, von dem eigenen Wunsch zu dem des Partners.

Antoine de Saint-Exupéry hat es schon vor langer Zeit erkannt:

„Liebe besteht nicht nur darin, dass man einander ansieht, sondern dass man gemeinsam in die gleiche Richtung blickt."

Drittens, Liebe gelingt meist nur erfolgreich und ohne gröbere Schürfwunden, wenn beide Partner gut im Leben stehen. Wenn die Beziehung nicht die Aufgabe haben muss, Fehler aus der Vergangenheit wiedergutzumachen, Liebesdefizite aus der Kindheit auszugleichen, eigene Persönlichkeitsmängel reparieren oder kompensieren zu müssen. Denn in der Liebe darf es sich nicht hauptsächlich um einen selbst oder die Stabilisierung der eigenen oder anderen Persönlichkeit drehen, sondern um das Zusammenspiel zweier eigenständiger Menschen, die gut für sich selbst sorgen können.

Ein Gedicht von Rupi Kaur, das ich sehr liebe, ist zu meinem Leitbild für Beziehungen geworden:

„I do not want to have you

to fill the empty parts of me

I want to be full on my own

I want to be so complete

I could light a whole city

and then

I want to have you

´cause the two of us combined

could set it on fire"

Gedankenanstoß Nr. 29

Die Liste – Was ich nie vergessen will, wenn ich einmal groß bin.

„Nur ein Idiot glaubt, aus eigenen Erfahrungen zu lernen. Ich ziehe es vor, aus den Erfahrungen anderer zu lernen, um von vornherein eigene Fehler zu vermeiden." (Otto von Bismarck)

Wäre ich eine berühmte Person und würde ich zu einem Interview eingeladen werden über die Dinge, die ich für mich aufgelistet habe, damit ich sie niemals vergesse, würde das in etwa so laufen:

Interviewer: Was brauchen Kinder für ihre Entwicklung?

Ich: Kinder brauchen Freiheiten, um sich frei entfalten zu können. Das habe ich von meinen Eltern gelernt. Weniger Vorgaben, dafür mehr Angebote. Weniger Druck, dafür mehr Vorbildwirkung. Weniger Bewertung, dafür mehr Liebe. Ich habe kürzlich dieses Zitat von Banksy gelesen: „A lot of parents do anything for their kids except let them be themselves." Kinder ihren eigenen Weg finden zu lassen, setzt natürlich großes Vertrauen voraus.

Interviewer: Welche Familienerinnerungen sind bei Ihnen besonders präsent?

Ich: Bei uns wurden alle Anlässe wie Weihnachten, Ostern, Muttertag, Geburtstage, der Beginn der Schulferien, der erste Schultag oder Nikolo gefeiert. Wir waren schön gekleidet, es gab auf dem prachtvoll gedeckten Tisch eine gute Jause oder ein feines Abendessen, es wurde gesungen, vorgelesen, etwas aufgeführt. Natürlich gab es auch immer schön eingepackte Geschenke und eine persönliche Karte dazu. Ich habe mir vorgenommen, dies für mich und meine Familie zu übernehmen. Keine Gelegenheit auszulassen, um ein Familienfest stilgerecht zu feiern! Denn in dem Tumult an Erinnerungen stechen eben diese besonderen Tage hervor. Oft kann ich mich an nichts in einem bestimmten Jahr erinnern außer an diese Gelegenheiten.

Interviewer: Welche negativen Kindheitserinnerungen haben Sie?

Ich: Ich kann mich an eine Reise nach Lissabon erinnern. Wir gingen an einem Abend in eine Bar, in der Fados gesungen wurden. Während auf der Bühne eine junge Dame portugiesische Songs zum Besten gab, kämpfte ich mit schrecklichen Bauchschmerzen. Meine Eltern wollten davon allerdings nichts wissen, sie sagten lachend, mir würden die Fados wohl nicht gefallen. Ich nehme es ihnen heute nicht mehr übel. Ich kann aus heutiger Sicht verstehen, dass man auch als Eltern das Bedürfnis hat, ein schönes Erlebnis durchzuziehen. Trotzdem kam dieses Learning auf meine Liste der Dinge, die ich nie vergessen wollte, wenn ich einmal groß bin. Wenn ein Kind über Schmerzen klagt, muss man das ernst nehmen. In die gleiche Kerbe schlägt: Wenn ein Kind Sorgen äußert, muss man sich hinsetzen und fragen: „Was ist los?"

Interviewer: Wenn Sie auf Ihre Kindheit und Jugend zurückblicken, was war das Beste daran?

Ich: Meine Schwester und ich durften immer Freunde einladen. Die Türen unseres Hauses standen stets offen. Wir durften Partys veranstalten, und ich habe die großartigsten Erinnerungen an Faschingsfeste mit meinen kleinen Freunden und an Tanz-Abende in unserer Gartenhütte als Jugendliche. Die Highlights allerdings waren die Partys, die meine Schwester und ich als Erwachsene veranstaltet haben. Unsere Eltern haben dafür sogar ihr Haus geräumt. Das werde ich ihnen nie vergessen. Unsere Freunde fanden unsere Eltern immer am coolsten. Heute weiß ich, das waren sie auch.

Interviewer: Was hat Sie als Kind oder Jugendliche genervt?

Ich: Bei uns hat sich sehr viel ums Essen gedreht. Wenn ich nach Hause kam, war die erste Frage, was willst du essen? Hast du Hunger? Was sollen wir zu Abend essen? Es hat mich schrecklich genervt.

Interviewer: Wofür werden Sie Ihrem Vater immer dankbar sein?

Ich: Als ich mit 18 Jahren stolz meinen Führerschein in Händen hielt, borgte mir mein Vater sein Auto, um eine Freundin in der Nähe besuchen zu fahren. Gesagt, getan. Nur bei der Rückfahrt war beim Ausparken ein Baum im Weg und ich verursachte eine kleine Beule im Heck des Autos. Mit schlotternden Knien und der Angst im Nacken kam ich nach Hause und beichtete. Mein Vater schmunzelte und sagte: „Mein Schatz, das war dein erster, aber ganz bestimmt nicht dein letzter Unfall!" Ich werde ihm diese Reaktion niemals vergessen. Dafür liebe ich ihn seither noch mehr. Dafür könnte ich ihm heute noch um den Hals fallen. Auf meiner Liste steht: Wenn meine Kinder etwas ruinieren, beschädigen, in den Sand setzen und angstgeplagt beichten kommen - ich werde große Nachsicht walten lassen. Ich werde wie mein Vater damals mit Gelassenheit und Verständnis reagieren.

Interviewer: Und wofür danken Sie Ihrer Mutter?

Ich: Der meist gesprochene Satz meiner Mutter während der Zeit des Erwachsenwerdens war: „Du musst dein eigenes Geld verdienen." Dank ihr habe ich gelernt, dass man immer auf eigenen Füßen stehen muss, dass man einen Beruf erlernen und ausüben muss, dass man von niemandem abhängig sein darf. Sie hat uns generell das Bild einer modernen Frau vermittelt. Bei uns hat auch mein Vater den Geschirrspüler ausgeräumt und uns zu Bett gebracht, als wir noch klein waren. In unserer Familie hatte meine Mutter gleich viel zu sagen wie mein Vater.

Interviewer: Was steht noch auf der Liste der Dinge, die Sie niemals vergessen wollen?

Ich: Meine Sorgen sind meine Sorgen und nicht die meiner Kinder. Je größer die Kinder werden, desto eher sieht man sie als ebenbürtige Erwachsene an und behandelt sie auch als solche. Das ist schön und das habe ich auch vor, aber das bedeutet nicht, dass sie der Ansprechpartner für Sorgen, Probleme, Bedürfnisse sind. Sie sind nicht die Haushaltshilfe, die Pflegerin, die Ärztin, der Finanzberater, der Physiotherapeut, der Psychologe, sie sind und bleiben meine Kinder.

Interviewer: Wie bleibt man Ihrer Meinung nach für die eigenen Kinder relevant, wenn sie groß und womöglich bereits ausgezogen sind?

Ich: Ein wichtiger Punkt ist meiner Meinung nach, mit den Themen der Kinder am Ball zu bleiben: Ich möchte wissen, womit sich meine Töchter auseinandersetzen, ich möchte ihre Technologien verstehen, ich möchte bei ihren Fernsehserien mitreden können, ich möchte wissen, was in ihrer Welt so vor sich geht. Das wird vielleicht auch anstrengend sein, aber ich sehe das als einzigen Weg, mit ihnen auf Augenhöhe zu bleiben.

Mein Vater und ich haben bis in sein hohes Alter immer viel unternommen. Wir waren gemeinsam in der Oper, beim Heurigen, im Kaffeehaus. Etwas gemeinsam unternehmen, das Spaß macht. Wertvolle Zeit außerhalb der eigenen vier Wände zusammen verbringen, das halte ich für wichtig.

Interviewer: Was war das Erfolgsrezept Ihres Vaters, so lange fit zu bleiben?

Ich: Das ist einfach. Er war bis ins hohe Alter körperlich und geistig aktiv. Er hat sich immer wieder überwunden, körperlichen Schwächen entgegenzuwirken. Er hat mit 88 noch an einem Buch geschrieben. Aufgeben ist keine Option, das hat er immer wieder bewiesen. Und er hängt an seinem Leben, sieht immer wieder das Schöne daran.

Interviewer: Was ist Ihr Rat für sich selbst im Alter?

Ich: Altern ist ohne Zweifel ein schwieriger Prozess. Kommen Krankheiten, Schmerzen und große Einschränkungen hinzu, heißt es mehr als die Zähne zusammenzubeißen. Ein lieber Freund meines Vaters hat einmal zu mir gesagt: „Alt werden ist nichts für Feiglinge!" Diesen Satz werde ich nie vergessen. Keiner weiß, was kommt, aber ich habe mir dennoch vorgenommen, mit der größtmöglichen Würde bis zum letzten Atemzug zu leben. Ich möchte, dass meine Kinder mich immer aktiv und präsent in Erinnerung behalten. Ich möchte ihnen immer zuhören und bis zum Schluss für sie da sein – und nicht umgekehrt.

Interviewer: Wenn Sie sich für Ihre Kinder etwas wünschen könnten, das Sie beeinflussen können, was wäre das?

Ich: Ich bin in Sicherheit und mit dem Gefühl aufgewachsen, dass es uns an nichts fehlte. Materiell und emotional habe ich einen enormen Rückhalt gespürt. Dies hat – so denke ich heute – zu einer gewissen Unbeschwertheit und meinem Mut fürs Leben beigetragen. Ich hoffe, dass ich dieses Gefühl der Sicherheit und der Geborgenheit auch weitergeben kann, sodass meine Kinder mit Urver-trauen, mit dem Gefühl des bedingungslosen Rückhalts, dem allumfassenden Gefühl, geliebt zu werden, aufwach-sen.

Interviewer: Gerne machen Menschen ihre Eltern für vieles, was nicht so gut läuft in ihrem Leben, verantwort-lich. Was würden Sie diesen Menschen sagen?

Ich: Ich halte es da wie Cheryl Strayed, die sagte: „You don´t have a right to the cards you believe you should have been dealt. You have an obligation to play the hell out of the ones you´re holding."

Interviewer: Wo wir schon bei dem Thema Zitate sind. Welchen Spruch bekommen Ihre Kinder am häufigsten zu hören?

Ich: Für die meisten Probleme gibt es Lösungen!

Gedankenanstoß Nr. 30

Der Kern des Glücks

„Glück ist oft das, was man nicht sieht, weil es uns zu nah vor Augen liegt. Man sucht es wie eine Brille grad, die man doch auf der Nase hat. Glück ist bekanntlich ein Geschenk, das auf uns zukommt, doch bedenk, dass wirklich glücklich nur der ist, der auch zum Glücke sich entschließt."

(Sébastien-Roch Nicolas de Chamfort)

Die ewige Suche nach dem Glück. Die ewige Frage, ist das Glück ein Vogerl? Die ewige Ahnung, es liegt an uns selbst, glücklich zu sein – oder eben auch nicht.

Schon die Definition, was denn Glück überhaupt ist, ist so schwierig wie die Suche selbst. Für die Pessimisten ist es die Abwesenheit von Leid. Die Hedonisten finden das Glück im Kaufrausch. Für die Ärzte ist Glück, gesund zu sein. Viele Wissenschaftler sehen das Glück in biochemischen Prozessen. Die Philosophen finden das Glück in der

Selbstgenügsamkeit. Für die spirituellen Lehrer liegt das Glück in der Dankbarkeit.

Was sagt die Wissenschaft? Was sagen die Statistiken? Was sagen die Glücksforscher? Ich bin auf die Suche gegangen, was wir über das Glücklichsein wissen.

Fakt ist, dass Menschen zwischen dem 35. und 55. Lebensjahr am unglücklichsten sind, statistisch betrachtet. Das Glück macht also eine U-Kurve. Wir fangen gut an, fallen dann etwas nach unserem 30. Geburtstag ab, um kurz vor der Pensionierung wieder die Leiter hinaufzuklettern. Immerhin endet das Leben meist nicht am Tiefpunkt der Kurve.

Wir wissen, dass die Menschen je nach Wohnort unterschiedlich glücklich sind. Laut „Weltglücksreport" der Vereinten Nationen ist derzeit Finnland das Land des Glücks. Eher überraschend, betrachtet man die geologischen Faktoren – wenig Sonnenstunden, niedrige Temperaturen, lange Wintermonate. Wahrscheinlich liegt es am politischen Klima, an der friedlichen und selbstbestimmten Lebensweise der Finnen.

Es ist bewiesen, dass Geld nicht ausschlaggebend für das große Gefühl des Glücks ist. Die berühmten Studien über die Gefühlslage der Lotto-Gewinner haben bewiesen, dass auch lange herbeigesehntes Vermögen nicht automatisch zu mehr Glück führt. Auch die Liste der reichen Prominenten lässt die Vermutung zu, dass der bloße Faktor Geld wenig mit dem Faktor Glück zu tun hat.

Zahlreiche Studien belegen, dass optische Merkmale oder die Verbesserung dieser kaum Einfluss auf unser Glück haben. Das hundertprozentige Erreichen des Wunschgewichts trägt nur zu einer zehnprozentigen Steigerung des Glücksgefühls bei. Und erneut zeigt ein Blick nach Hollywood, dass auch Botox und Co. nicht wirklich glücklich machen.

Wenn die äußeren Faktoren nicht für das Glück ausschlaggebend sind, müssen wir die inneren bemühen.

Wissenschaftliche Zwillings-Studien zeigen, dass ein Drittel des persönlichen Glücks in der Genetik liegt. Zwei Drittel hängen von Umweltfaktoren ab. Also wie wir aufwachsen, wie viel Liebe und Bindung wir erleben, welche Chancen und Möglichkeiten wir im Leben wahrnehmen können und welche Fähigkeiten wir entwickeln, diese annehmen zu können, aus unserem Leben etwas zu machen. Das Glück liegt also zu 66,6 Prozent in unserer Hand!

Also müssen wir uns verdeutlichen, dass hier allem voran die Einstellung zum Leben zum Tragen kommt. Es zeigt sich, dass optimistisch gestimmte Menschen sich eher als glücklich bezeichnen als pessimistisch veranlagte. Sie fokussieren mehr auf das Schöne im Leben. Und ihre Einstellung beeinflusst ihr Handeln.

Es ist bewiesen, dass unsere Gedanken zu unserem Glück oder Unglück beitragen. Was wir über uns heute, gestern und morgen im Kopf haben, prägt unsere Gefühlslage. Was wir in der Zukunft erwarten, bestimmt auch unsere Zufriedenheit in der Gegenwart. Deswegen sind die Menschen, die große Hoffnungen und Träume für die Zukunft hegen, die glücklicheren. Vorfreude ist bekanntlich die schönste Freude. Und so dreht sich der Glückskreislauf immer mehr in Richtung Glück.

Die Glücksforschung ist sich einig, dass Menschen, die sich in wertschätzenden Beziehungen mit ihrem Partner oder ihrer Familie befinden, mehr Glück empfinden als andere, denen das soziale Gefüge fehlt. Der Zusammenhalt, der zwischenmenschliche Austausch, die Verbundenheit sind wesentlich für unser Glücksempfinden. Die Statistik besagt, dass Menschen in festen Beziehungen glücklicher sind als Singles, und dass zwei eigene Kinder glücklicher machen als eines oder drei oder mehr.

Studien zeigen auch, dass Menschen, die einer Aufgabe nachgehen, die sie als sinnvoll erachten, glücklicher sind als Menschen die nicht hinter ihrem täglichen Tun stehen. Wer das eigene Können mit Engagement einsetzen kann, wer Verantwortung übernehmen kann, wer einen höheren Sinn im Leben sieht, ist glücklicher als jemand, der nur seinem Lebensunterhalt nachläuft.

Aber nicht nur der Job oder die Hauptaufgabe im Leben spielen eine Rolle. Auch das, was Menschen in ihrer Freizeit tun, ist wesentlich für die Gefühlslage. Es ist bewiesen, dass Menschen, die oft das tun, was ihnen Freude bereitet, mehr Glück empfinden. Wenn jemand in einer Tätigkeit ganz aufgeht, nennt man es intrinsisches Glück. Die gute Sache daran ist, dass es langfristig hält und sich nicht so schnell abnutzt. Für den einen ist es Klavierspielen, für den anderen Gartenarbeit, für den dritten Opern anhören, für den vierten eine Sprache erlernen, für den fünften ein gutes Buch lesen, für den sechsten spazieren gehen, für den siebten die Sterne studieren usw.

Hilke Brockmann, Professorin für Soziologie an der Bremer Jacobs University, fasst die notwendigen Grundlagen fürs Glücklichsein wie folgt zusammen: Erstens muss ausreichend Geld vorhanden sein, die Menschen müssen finanziell abgesichert sein. Zweitens bescheren gute soziale Beziehungen, also der regelmäßige Austausch mit Familie und Freunden, den Menschen Glück. Drittens und letztens macht das Gefühl, nicht sinnlos auf Erden zu wandeln, sondern einem höheren Lebenszweck zu dienen, einen höheren Sinn im Leben zu sehen, glücklich. „Viel mehr", sagt Brockmann, „kann die Glücksforschung als Ratschlag nicht geben."

Die Wissenschaft ist sich einig, dass der Mensch gar nicht gemacht ist, um dauerhaft im Glück zu sein. Der Zustand des Glücks wird durch die Ausschüttung von Opioiden hervorgerufen. Eine ständige Ausschüttung dieses Hormonmix würde bei uns Menschen zu einer lebensgefährlichen Überreizung führen. Unser Leben wäre schrecklich anstrengend, müssten wir es im Dauerzustand des Glücks erleben.

Also ist dauerhaftes Glück eine Illusion?

Glücksforscher und Emotionstrainer Manfred Rauchensteiner sagt: „Ja, und es wäre auch langweilig. Das könnte man nach einer Weile nicht mehr genießen. Es gibt keine Gegenstände im Außen, die das Glück permanent bei uns halten. Was aber auf Dauer glücklich macht, ist möglichst oft möglichst unterschiedliche, angenehme Gefühle zu haben. Das kann einmal Vorfreude sein, ein anderes Mal Lust, Gelassenheit, Spaß, Ruhe oder Entspannung. Je öfter ich drauf schaue, dass es mir gut geht, desto öfter werde ich sagen: Das war heute ein ziemlich guter Tag."

Diese Erkenntnis wird in der Glücksforschung generell immer lauter. Man muss zwischen dem Glück als Momentaufnahme, als punktuelles Hochgefühl, und der Zufriedenheit als Lebenskonzept unterscheiden. Die Zufriedenheit ist das nachhaltigere Glück, wenn man so möchte. Sie ist die verlässlichere Variante, sie ist die Lebenshaltung, die uns langfristig gut auf ihren Händen trägt und uns damit auch immer wieder zu Glücksmomenten verhilft. Die Glücksmomente, die Highlights im Leben, die großen Gefühle, die uns allen doch auch sehr wichtig sind. Ich muss dabei an die „Museumstage" aus John P. Streleckys Buch „The Big Five for Life" denken. Er schreibt: „Stell dir vor, am Ende deines Lebens wird dir zu Ehren ein Museum errichtet. Es zeigt dein Leben, wie du es gelebt hast. Welche Bilder siehst du? Was fühlst du?"

Ich sehe die Galerie meiner Erinnerungen deutlich vor mir. Ich sehe mich als Fünfjährige den Gartenweg hinunterlaufen, an dessen Ende meine Mutter steht und mich mit all meinem Schwung auffängt. Ich sehe mich auf unserer Hütte am Neusiedlersee sitzen, aufs ruhige, glitzrige Wasser hinausschauen, Blatt und Stift auf meinem Schoß. Ich sehe die Kinder der befreundeten Hüttenbesitzer zum Grießkochessen zu uns kommen. Ich sehe mich und

meine Schwester im Bett liegen und „Tante, Gute Nacht"
spielen. Ich sehe, wie mich mein Vater bei Sonnenaufgang
ins Krankenhaus fährt, weil mir die Ohren so wehtun. Ich
sehe mich in der Schule sitzen, neben meiner ersten großen Liebe, und er trägt eine Tonne Nivea Creme im Gesicht und riecht so gut danach. Ich sehe mich als Teenager
bei einem Lagerfeuer das Ende des Schuljahres mit meinen Freunden feiern und mich sehr erwachsen fühlen. Ich
sehe mich telefonieren, viel telefonieren. Ich sehe mich
mit Liebeskummer auf dem Balkon sitzen und mein Vater
sagt zu mir: „Ich liebe dich so sehr, dass es mir wehtut."
Ich sehe mich viel auf dem Balkon sitzen und rauchen. Ich
sehe mich mit meiner Schwester mit dem Auto die ganze
Nacht hindurch von Wien nach Biarritz fahren, um die ersten Sonnenstrahlen am Strand zu erleben. Ich sehe uns
auf unseren Boogie Boards die Wellen runterflitzen und
ich denke dabei, das ist das beste Gefühl überhaupt. Ich
sehe mich im Park sitzengelassen und möchte nur noch
nach Hause. Ich sehe mich mit meiner damals besten
Freundin zum Obi fahren, um zwei Liegestühle für „den
Sommer unseres Lebens" zu kaufen. Ich sehe das erste
Treffen mit meinem ersten richtigen Freund und dass ich
Angst habe, wie meine Schwester reagieren wird. Ich
sehe, wie ich Schluss mache mit ihm, während er im Bett

liegt und zur Decke starrt. Ich sehe, wie ich den Lieblings-job meines Lebens finde, obwohl ich den Chef beim Be-werbungsgespräch für den Elektriker halte. Ich sehe mich am Red Carpet der Paramount Studios stehen. Ich sehe mich mit einem Kloß im Bauch kündigen. Ich sehe, wie ich nach Washington fliege, um meinen Freund zu besuchen, kurz nachdem die Anschläge des 11. September das Weiße Haus beschädigt haben. Ich sehe mich, wie ich meine Beziehung und meine Zukunft in den Wind schieße, weil es mir mein Bauchgefühl sagt. Ich sehe, wie ich meinen Ex-Mann zum ersten Mal in seiner Wohnung besuche, wir auf dem Fußboden sitzen und Bier trinken. Ich sehe den positiven Schwangerschaftstest im Bad lie-gen und wie ich noch zwei kaufen fahre, weil ich es nicht glauben kann. Ich sehe mich dieses kleine Wesen auf dem Gang des Krankenhauses hin- und hertragen. Ich sehe, wie ich am Arm meines Vaters in die Kirche schreite. Ich sehe den Moment, in dem ich meinen Ehering abgenom-men habe und mir geschworen habe, jetzt nicht aufzuge-ben. Ich sehe mich, wie ich meiner Tochter sage, dass ihre Eltern sich trennen, sie von meinem Schoß hüpft und sagt: „Mama, das weiß ich doch schon!" Ich sehe mich auf der Shiatsumatte liegen und weinen und lachen zugleich. Ich sehe mich beim Scheidungsrichter mit einer Kaffeema-schine als Abschiedsgeschenk auf dem Schoß. Ich sehe mich am Tag danach mit Freunden auf eine Berghütte wandern und mit jedem Meter ein Stück Vergangenheit loslassen. Ich sehe mich, wie ich Placido Domingo treffe und mir denke, das ist auch nur ein normaler Mensch. Ich sehe mich im Bett liegen und seit Stunden einem Fremden auf WhatsApp schreiben. Ich sehe meine Tochter im Ballettkleid bei ihrer Aufführung. Ich sehe sie neben mir aufwachen und grinsen. Ich sehe, wie ich mit dem Fremden bei unserem ersten Date zum Zahnarzt fahre und er mir erzählt, dass er seinen Job gekündigt hat. Ich sehe, wie ich ihn meiner Tochter vorstelle, die sich vorsichtshalber hinter ihrer Kappe versteckt. Ich sehe uns in Griechenland mit dem Cabrio von einem Strand zum nächsten fahren. Ich sehe mich im Krankenhaus, mit einer der schlechtesten Nachrichten meines Lebens. Ich sehe meine Schwester und mich im Krankenhaus, wie wir dem Arzt meiner Mutter den Weg verstellen. Ich sehe mich in Schweden in einer kleinen Holzhütte frühmorgens vor einer Tasse Tee sitzen, mir ist kotzübel, aber ich weiß, ich habe mir einen der größten Träume meines Lebens erfüllt. Ich sehe mich mit weißem Tüllrock und grauem T-Shirt bei dem Open Air Konzert von Jamie Cullum auf dem Stuttgarter Schlossplatz. Ich sehe uns im Garten stehen und der Familie sagen, dass wir geheiratet haben, und sie sagen, die Oma ist gestorben. Ich sehe, wie ich auf den Anruf meines

Vaters nach seiner Tumor-OP warte, und er kommt nicht. Ich sehe, wie ich mit den ersten Wehen vom Kreißsaal hinausgehe und den zukünftigen Vater schlafend auf dem Sofa vorfinde. Ich sehe mich auf der Baustelle mit einem schlafenden Baby in der Trage stehen und rund herum sind nur Erdhaufen und Bauarbeiter, die jausnen. Ich sehe, wie ich im fast fertigen Haus stehe und schrecklich weinen muss. Ich sehe, wie 200 Pakete mit Küchenteilen angeliefert werden, es schneit in dicksten Flocken und ich erlebe meinen Mann zum ersten Mal wirklich verzweifelt. Ich sehe meine Töchter ihr Spiel spielen: „Wir sind die besten Schwestern der Welt!" Ich sehe sie mit meiner Nichte gemeinsam im Garten herumlaufen und ich finde, sie sind so frei und unbeschwert wie Blüten im Wind. Ich sehe mich im Krankenhaus meine Mutter besuchen und ihr unter Tränen versprechen, dass ich sie niemals wieder in ein Krankenhaus schicken werde. Ich sehe meinen Mann und mich streiten und ich sage zu ihm, er muss ausziehen. Ich sehe den Morgen, an dem wir erfahren haben, dass der Vater meines Mannes gestorben ist, während unsere Tochter nicht glauben konnte, dass die Schnullifee da war. Ich sehe ihn neben mir liegen und er streicht mir übers Haar und sagt: „Du bist die beste Frau von allen." Ich sehe, wie meine große Tochter der Kleinen das Krabbeln mit einem eigenen Song beibringt. Ich sehe mich, wie ich in den

Spiegel starre und mir denke, du wärst nicht du, wenn du jetzt aufgeben würdest.

Ich mag mein Museum. Es sind nicht nur Bilder von glücklichen Momenten dabei, nein, auch die wirklich schwarzen Erlebnisse hängen hier. Aber die Bandbreite macht es aus, die Vielfalt, die Tiefe! Ich empfinde so viel echtes Glück, wenn ich an all das denke, was ich schon erleben durfte. Ich bin dankbar, wie viel das Leben mir schon geschenkt hat. Ich liebe die vielen, vielen großen Momente und die unzähligen kleinen, die mich zu dem gemacht haben, wer ich heute bin.

Der Kern meines Glücks liegt in den Beziehungen zu den Menschen in meinem Leben. Und in der Beziehung zu mir selbst. Ich muss an einen Spruch denken, den ich kürzlich auf Instagram gesehen habe: Die Beherrschung der eigenen Persönlichkeit ist der Schlüssel zu Ausgewogenheit, Erfolg und Zufriedenheit.

Da kommt die heutzutage viel bemühte Selbstliebe ins Bild. Und ja, sie ist wahrscheinlich langfristig der Schlüssel zum Erfolg. Oder zum guten Leben. Oder zum Überleben der schlechten Phasen. Oder zum Glücklichsein.

Oder sagen wir es doch wie der bedeutende Gelehrte Desiderius Erasmus, der im 15. Jahrhundert in Rotterdam lebte:

„Der Kern des Glücks: der sein zu wollen, der du bist."

DANKE

Dieses Buch würde es nicht geben ohne meine zwei Töchter. Ihr seid jeden Tag meine Inspiration, mein Mut, meine Freude. Euch aufwachsen zu sehen und mit Euch durchs Leben zu laufen ist das Schönste, das mir passieren konnte. Ich wünsche Euch von Herzen ein wundervolles Leben. Möge es so gelingen, wie Ihr es Euch vorstellt.

Ohne meinen Mann würde es dieses Buch ebenfalls nicht geben. Er hat mich motiviert, die Idee zu verfolgen, immer weiterzumachen, es zu Ende zu bringen. Er hat für mich immer wieder Kapitel gelesen, Feedback gegeben, Fehler korrigiert und mit mir über die „Lage zum Buch" gesprochen. Danke, dass Du aufgetaucht bist. Danke, dass Du bei allem dabei bist. Danke, dass Du mir jeden Tag das Gefühl gibst, für Dich „die beste Frau von allen" zu sein.

Meiner Schwester bin ich für einfach alles dankbar. Danke, dass Du mich überallhin mitgenommen hast. Danke, dass Du Dich immer vor und hinter mich gestellt hast. Danke, dass ich immer auf Dich zählen kann.

Ich danke meinen Eltern von Herzen. Ihr habt mir alles ermöglicht und mich meine Entscheidungen treffen lassen, auch wenn sie nicht immer nach Eurem Geschmack waren.

Mein tiefer Dank gilt meinen Freunden, die niemals müde wurden zu fragen: „Wie geht es deinem Buch?", und die mich darin bestärkt haben, mich nicht von meinen Zweifeln unterkriegen zu lassen und es zu Ende zu bringen. Ihr seid einfach die Besten, weil Ihr mir immer das Gefühl gebt, Ihr mögt mich so, wie ich bin.

Ich bin den vielen großartigen Menschen auf dieser Welt sehr dankbar, die so wunderbare Dinge, Bücher, Zitate, Essays mit so viel Weisheit und Inspiration geschrieben haben. Einige davon konnte ich in diesem Buch zitieren. Vielleicht konnte ich ein paar Menschen dazu motivieren, mehr von ihnen zu lesen.

LITERATURVERZEICHNIS

Albom, Mitch: Dienstags bei Morrie: Die Lehre eines Lebens. Goldmann Verlag. 2017

Amend, Lars: It´s all good: Ändere deine Perspektive und du änderst deine Welt. Berlin. Kailash, 2019.

Brahm, Ajahn: Who ordered this truckload of dung? Inspiring stories for welcoming life´s difficulties. Wisdom Publications, 2005

Chah, Ajahn: Alles entstehend - alles vergehend: Reflexionen über Vergänglichkeit und das Ende vom Leiden. Beyerlein und Steinschulte. 2018

Coelho, Paulo: Der Alchimist. Diogenes. 2008

Dalai Lama: Der Weg zum Glück: Sinn im Leben finden. HERDER spektrum. 2015

Dalai Lama XIV: Mitgefühl und Weisheit. Ein Gespräch mit Felizitas von Schönborn. Diogenes. 2006

Dalai Lama XIV: Die Liebe – Quelle des Glücks. Verlag Herder. 2016

Gebrüder Grimm: Vom Fischer und seiner Frau. Aufbau Verlag. 2010

Hanh, Thich Nhat: Einfach lieben. O.W. Barth. 2016

Kabat-Zinn, Jon: Im Alltag Ruhe finden: Meditationen für ein gelassenes Leben. Knaur MensSana. 2019

Kabat-Zinn, Jon: Achtsamkeit für Anfänger. Arbor. 2013

Katie, Byron: Lieben, was ist: Wie vier Fragen Ihr Leben verändern können. Goldmann. 2002

King, Serge Kahili: Huna: Der hawaiianische Weg zu einem erfüllten Leben. Lüchow Verlag. 2011

Kornfield, Jack: Frag den Buddha - und geh den Weg des Herzens: Was uns bei der spirituellen Suche unterstützt. Kösel-Verlag. Neuauflage. 2017

Lindau, Veit: Liebe radikal: Wie du deine Beziehungen zum Erblühen bringst. Random House. 2016

Lindau, Veit: veitlindau.com/blog

Lobe, Mira: Das kleine ich-bin-ich. Jungbrunnen. 1971

Moody, Raymond A.: Leben nach dem Tod: Die Erforschung einer unerklärlichen Erfahrung. Rowohlt. 2001

Osho: Liebe, Freiheit, Alleinsein. Goldmann Verlag. 2002

Rubey, Manuel: Noch einmal schlafen, dann ist morgen. Loblied auf das Jetzt. Wien – Graz. Molden Verlag. 2020

Strelecky, John P.: The Big Five for Life: Was wirklich zählt im Leben. dtv Verlagsgesellschaft. 2009

Tamaro, Susanna: Geh, wohin dein Herz dich trägt. Diogenes. 1998

Tolkien, J. R. R.: Der Herr der Ringe. Gesamtausgabe. Neuüberarbeitung. Klett-Cotta. 2018

Stanford Friends and Family Letter Project: https://med.stanford.edu/letter/about.html

Zeitfracht Medien GmbH
Ferdinand-Jühlke-Straße 7
99095 Erfurt, Deutschland
produktsicherheit@kolibri360.de